Logbuch

Liebe Leserin,
lieber Leser,

"Ich liebe dich" oder derbe Flüche gehören zu den ersten Wörtern, die man in einer Fremdsprache lernt. Mein erstes italienisches Wort aber war „aiuto" – „Hilfe". Ich war fünf und schrie immer und immer wieder: „Aiuto! Aiuto!" Bei jeder größeren Welle. Wie alle anderen Kinder blieb ich stundenlang im Wasser, bis die Lippen blau waren und meine Mutter mich in einer Mischung aus Sorge und Belustigung ermahnte. Die Kraft der Wellen faszinierte und beängstigte mich zugleich. Es war diese Spannung zwischen Mut und Angeberei, Glücksgefühl und Angst.

Ich schrie nicht bei jeder Welle. Schon weil ich wusste, dass man mit dem Hilferuf nicht spaßen durfte. Und da waren manchmal Wellen, so groß, dass ich lange nach unten gezogen wurde, wie in einer Waschtrommel herumwirbelte, keine Luft mehr bekam und schreckliche Angst. Denn nun konnte ich nicht einmal mehr schreien. Erst nach dem Auftauchen. Kräftige Arme zogen mich dann aus dem Wasser. Vielleicht fünf Minuten lang stand ich schlotternd am Strand, bevor ich wieder zurückrannte, zurück ins Meer. (Eine kompetente Einschätzung der Kinderperspektive in Sachen Meer lesen Sie im Interview mit unseren Experten vom Titelbild, ab Seite 100).

Erstmals veröffentlichen wir in dieser Ausgabe eine Doppelreportage über 27 Seiten. Unser Autor Andreas Altmann besuchte für mare *die Ost- und Westküste der USA und fand Lebenskonzepte, die unterschiedlicher nicht sein könnten. Menschen, die am Atlantik wohnen, den „alten" Ozean vor Augen, zeigen sich eher rückwärts gewandt, in den Traditionen der europäischen Einwanderer verhaftet. Ganz anders in Kalifornien, am Pazifik: Dort fand Altmann offene, lebenslustige Leute, die voller Energie für einen weiteren Aufbruch steckten. Zwei Ozeane, zwei Lebenskonzepte, ein Land. Und der Reporter musste sich entsprechend verhalten: An der Westküste brauchte er nur den Menschen und ihren Geschichten zu lauschen. An der Ostküste hingegen schlich er an hohen Mauern und Zäunen entlang, musste die Existenz der Bewohner gleichsam erahnen (ab Seite 10).*

Viel Spaß beim Lesen wünscht Ihnen

Nikolaus Gelpke

P.S.: Bitte beachten Sie auch die Hinweise auf mare-tv (Seite 41)

Inhalt

10
Schöner wohnen in Neuengland. Wohlstand zeigen? Ja. Protzen? Nein

44
Weißer Kragen im finsteren Slum: Mary Rose trägt ihre Schuluniform

74
Ausgerechnet im Hormonsturm: Junge Männer wollen aufs Meer

78
Zum Heulen: Die Robbenmutter ist auf der Jagd. Seit Stunden schon!

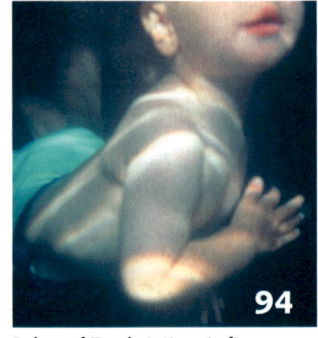

94
Baby auf Tauchstation: Luft anhalten ist angeboren

116
Schluss mit giftig! Biobremse gegen Schiffsbewuchs gesucht

132
Prachtvoll wie unpraktisch: Pfeifen aus Meerschaum

USA: OSTKÜSTE / WESTKÜSTE
Am Atlantik
bauen die Amerikaner schicke Häuser und pflanzen hohe Hecken. Es gilt das britische Motto: My home is my castle
Von Andreas Altmann und Tina Barney **10**

Am Pazifik
richten sich die Menschen eher provisorisch ein. In der Tradition der Pioniere: Immer bereit zum Aufbruch!
Von Andreas Altmann und Roy Tzidon **26**

GEHEIME VERSCHLUSSSACHE MIT SEELACHS
Wegen BSE und Maul- und Klauenseuche geht den Döner-Buden der Rohstoff aus. Die Alternative: Fisch-Kebab
Von Manfred Kriener und Heike Ollertz **38**

Schwerpunkt · KINDER

TOLLE WELLEN, BLÖDE QUALLEN
Kinder wissen: Jede Stadt hat einen Rand, jede Autobahn eine Ausfahrt. Aber dann die See: unendlich. Bis zum Horizont ist es schon ganz schön weit. Und was kommt dann? Die Frage weckt die Sehnsucht. Für Kinder aus dem Binnenland sind am Meer immer Ferien. Kinder, die am Meer aufgewachsen sind, kennen seine Gefahren **43–110**

WALHAUT GEGEN SEEPOCKEN
Forscher suchen bei den Meeressäugern nach Ideen, wie sie Schiffe ohne Gift vor Bewuchs schützen können
Von Helmut Broeg **116**

SCHAUM VORM MUND
Pfeifen aus versteinerten Muscheln? Die Feinschmecker unter den Rauchern schwören darauf
Von Hans-Ulrich Klose **132**

RUBRIKEN

Logbuch	3
mare-Weltkarte	6
Das blaue Telefon	8
Veranstaltungstermine	40
Leserbriefe/TV-Termine	41
Pitcairn-Kolumne	42
Impressum	111
Strandgut	112
mare-Shop	120
Salon	124
Meeresrauschen	138

Übrigens: *Ein schöner (Heft-)Rücken kann auch entzücken. Ein Fisch ist ein Fisch ist ein Fisch ...*

Schwerpunkt · KINDER

WARTEN AUF DIE SCHWARZEN WELLEN
*In Pitong Gatang bei Manila leben Kinder gefährlich.
Das Dorf steht auf wackligen Stelzen über dem Meer*
Von Thomas Worm und Nicolas Cornet **44**

WENN KINDER DIE FERNE VERLIEREN
*Sansibar? Findet jede Suchmaschine. Atlantik? Mit dem Flieger
ist man in fünf Stunden rüber. Fernweh? Ein Auslaufmodell*
Ein Essay von Reimer Eilers **64**

DIE WERFT IM KINDERZIMMER
Wer mit Dampfern spielen will, muss welche bauen
Von Olaf Kanter **66**

EIN SCHIFF MUSS FAHREN
Warten, warten, warten. Aus dem Leben von Kapitänskindern
Von Silke Bielenberg **68**

DER KÄLTESTE SPIELPLATZ DER WELT
Chile besiedelt die Antarktis mit Jungen und Mädchen
Von Peter Korneffel und Frank Nikol **72**

ENDE DER KINDHEIT
Bei der Marine reift der pubertierende Knabe zum Kadetten
Von Eckart Goebel und Markus Milde **74**

KINDHEIT AM MEER
Noch kuschelig: Nachwuchs bei Pinguin, Robbe und Eisbär **78**

DAS SCHWIMMENDE KLASSENZIMMER
Tauchen, jagen, singen: Aus der Schule der Wale
Von Monika Rößiger **86**

GLÜCKSELIGKEIT IM UTERUS
Warum Segler segeln? Weil's schaukelt wie in Mamas Bauch
Eine Polemik von Zora del Buono **89**

STREIT UM DIE PANADE
Doch, Kinder essen Fisch. Aber nur als Stäbchen
Von Beate Schümann und Olga **90**

SCHATZTRUHE
Fundstücke aus Kunst- und Kulturgeschichte **92**

WIE EIN FISCH IM WASSER
Evolution im Zeitraffer: Verwandlungen eines Embryos
Von Helmut Broeg **94**

„DEN GANZEN MUND VOLL SALZWASSER"
Jens, Gina, Aline, Svenja und Fanny erklären das Meer
Von Ulli Kulke und Stefan Pielow **100**

DREI WELLEN UND SCHWARZE HÜHNER
Wie ein Taufbad im Atlantik Babys vor dem Teufel schützt
Von Teresa Salema **103**

VON LEICHTMATROSEN UND CITY-SAILORS
Eine kleine Kulturgeschichte des Matrosenanzugs
Von Wolfgang Joop **104**

IM KIELWASSER **110**

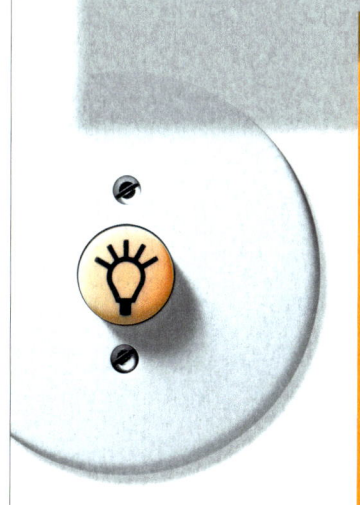

1 OSTKÜSTE DER USA
Der diskrete Charme der Bourgeoisie ist hier so diskret, dass Fremde sie überhaupt nicht zu sehen bekommen. Seite 10

2 LÜBECK
Krämerseelen im Glück! Schiffe verkaufen, Kontore erwerben, Zweckehen eingehen – wie im 14. Jahrhundert. Seite 128

3 SAN BORONDON
Tote können ganz umgänglich sein. Aber wehe, wenn sie ihre Heimatinsel verlassen und über Gomera herfallen! Seite 125

4 BORNHOLM
Kann man von der Insel Møn aus die Insel Bornholm sehen? Rechnen Sie mal nach: $S = 3{,}843 \times (\sqrt{h_1} + \sqrt{h_2})$. Alles klar? Seite 8

5 ST. NAZAIRE
Eine junge Königin, ganz ohne „bad vibrations". Die „Queen Mary 2" wird ein Schiff für Leute mit Geld und Neigung zur Seekrankheit. Seite 113

6 BERLIN-SPANDAU
Endlich hat Spandau was zu bieten: Ein findiger Türke belebt mit Fisch die Vorstadt. Seite 38

7 PORTUGAL
Erst rennen die Kleinen mit Hühnern um die Kirche, dann werden sie ins Wasser getunkt. Weiß der Teufel, warum. Seite 103

Die *mare*-Weltkarte

Der Versuch, den Globus auf eine Weltkarte zu projizieren, quasi die Quadratur der Kugel, ist ohne Kompromisse zum Scheitern verurteilt. Und so sind es stets die Meere, die auseinander gerissen und verzerrt dargestellt werden. mare beschreitet mit seiner Weltkarte den umgekehrten Weg: Nach einer Projektion von Athelstan Spilhaus präsentieren wir die Meere und ihre Küsten so, wie sie tatsächlich zusammenhängen

No. 26
mare
Die Schauplätze

8 HAMBURG
Hanseaten müssen die Preußen geradezu lieben. Denn von den Binnenländlern haben sie die Farbe Blau. Seite 104

9 MITTELMEER
Ein Wrack voller Weinamphoren in 3000 Meter Tiefe beweist: Die Segler der Antike haben viel gewagt. Seite 128

10 UKRAINE
Für Mädchen verboten – die Welt des Seekadetten. Die Jungs müssen alleine klarkommen. Seite 74

11 ERITREA
Grünes Pesto vom Roten Meer – Seespargel mundet gut: der Wirtschaft und dem Gaumen. Seite 112

12 GEWÜRZINSELN
Immobilientausch im Muskatnussrausch: Wie England in den Besitz von Manhattan gelangte. Seite 129

13 MANILA
Die Bretter, die ihre Welt bedeuten, sind gefährlich. Wenn der Taifun kommt, wird die Stadt auf Pfählen für die Kinder zum Alptraum. Seite 44

14 ANTARKTIS
„Glücklich wie die Pinguine" sind Kinder, wenn sie bei minus 50 Grad im Packeis spielen – glaubt die chilenische Luftwaffe. Seite 72

15 PITCAIRN
Lust auf Betty? Rufzeichen: VP6YL. Versuchen Sie es mittwochs um 17.00 Uhr Weltzeit auf 21 325 Kilohertz. Seite 42

16 WESTKÜSTE DER USA
Highlife entlang des Highway. Von Verklemmtheit keine Spur – die befreite Bourgeoisie gibt sich charmant und indiskret. Seite 26

LESER FRAGEN mare

DAS BLAUE TELEFON

Ihre mare-Hotline in die unerforschten Weiten und Tiefen der Meere

Ihre maritimen Fragen können Sie per Telefon (080/218 218 2, gebührenfrei) oder per E-Mail (wat@mare.de) stellen. Albert Gerdes von MARUM, dem Zentrum für marine Umweltwissenschaften an der Universität Bremen, antwortet auch im Radio: jeden Montag ab 14.40 Uhr auf Radio Bremen 2 und WDR Funkhaus Europa.

Nehmen Tintenfische Hilfe vom Menschen an?
Ingeborg Schiller, Berlin
Während ihres Urlaubs auf Mallorca wollte Frau Schiller einen scheinbar gestrandeten Tintenfisch in tieferes Wasser bugsieren und stellte fest, dass das Tier neben ihren Füßen herschwamm. „So legten wir etwa 20 Meter zurück", berichtet sie, „wobei der Tintenfisch etwa alle zwei Meter seine Tentakel ausbreitete und diese wellenförmig bewegte. Als mir das Wasser über die Knie reichte, verabschiedete er sich mit einer Tintenwolke und schwamm in tiefes Wasser." Der Hamburger Verhaltensbiologe Professor Jakob Parzefall schließt aus diesem Verhalten, dass Frau Schiller es mit einem Oktopus zu tun hatte, der eigentlich in Felsspalten zu Hause ist. Er kann mit Hilfe seiner Tentakel geschickt laufen und schwimmt nur, wenn er sich gestört fühlt. „Vermutlich ist das Tier vor Frau Schiller geflohen und hat dabei Verschnaufpausen eingelegt; Schwimmen ist ihm eher unangenehm", erklärt Parzefall. Auch die Tintenwolke, die normalerweise dem Schutz vor Feinden dient, spreche für eine Fluchtstimmung. Zwar handele es sich bei Kraken um recht intelligente Tiere. „Aber das Verhalten von Frau Schiller konnte der Oktopus sicher nicht als Hilfe verstehen. Dafür bietet sein artspezifisches Verhaltensrepertoire keine Anhaltspunkte."

Eine Tintenwolke zum Abschied deutet nicht auf Dankbarkeit hin, sondern auf Angst

Wie weit kann man auf offener See maximal sehen?
Michael Sander, Bremen
Bei bester Fernsicht stand unser Leser auf einem 128 Meter hohen Kreidefelsen der dänischen Insel Møn. „Ich habe gestaunt, als ich mit dem Fernglas die Pfeiler der etwa 70 Kilometer entfernten Øresundbrücke sowie das ungefähr 140 Kilometer entfernte Bornholm zu sehen meinte." Gute Augen, gutes Fernglas – oder Sinnestäuschung? Das lässt sich mit Hilfe einer Formel zur optischen Sichtweite (S) beantworten. Die hängt nämlich sowohl von der Augenhöhe des Beobachters (h_1) als auch von der des angepeilten Objekts (h_2) ab und errechnet sich wie folgt: S (in Kilometern) = 3,843 x ($\sqrt{h_1} + \sqrt{h_2}$). Nun sind die Brückenpfeiler je 203,5 Meter hoch, die höchsten Erhebungen Bornholms aber nur 162 Meter. Demnach ergeben sich bei einer Augenhöhe von gut 130 Metern folgende maximale Sichtweiten: Richtung Øresundbrücke knapp 100, Richtung Bornholm gut 92 Kilometer. Bornholm lag also hinter der Kimm. Möglich ist aber, dass die Kontur der Ferieninsel durch ungewöhnliche Lichtbrechungen über den Horizont gehoben wurde – als Fata Morgana des Baltischen Meeres.

Kann man in der Elbe risikolos baden?
Andrea Thiem, per E-Mail
Frau Thiem wunderte sich, als sie bei Glückstadt an der unteren Elbe Badende erblickte. Noch immer sind Wasser und Sedimente des Stroms mit Schwermetallen, chlororganischen Verbindungen und anderen Schadstoffen arg belastet. So rauschen pro Jahr 1,4 Tonnen Quecksilber den „Bach" herunter; zum Vergleich: 1985 waren es 28 Tonnen. Zwar sammelt sich das Schwermetall im Gewebe der Elbfische an; die Haut des Menschen kann es aber nicht durchdringen. Auch muss niemand, der sich mal am brackigen Elbwasser verschluckt hat, Spätfolgen befürchten. Bei Glückstadt liegen die mittleren Quecksilberkonzentrationen unter 0,09 Millionstel Gramm pro Liter. Auch in Hinblick auf Kolibakterien besteht kaum Grund zur Sorge, da sich salziges Nordseewasser mit Süßwasser aus Ober- und Mittellauf vermischt. Dort sterben die gefährlichen Fäkalienanzeiger schnell ab. Nur in Abschnitten der Süßwasserelbe werden die Grenzwerte der EU-Baderichtlinie in warmen Sommern immer wieder überschritten. „Von den oft niedrigen Wassertemperaturen einmal abgesehen, steht dem Glückstädter Badevergnügen also nichts im Wege", bilanziert Michael Bergemann von der Wassergütestelle Elbe.
Weitere Infos zum ökologischen Zustand der Elbe: www.elbis.de

Die besten Zeiten für Quecksilber, Chlor und Kolibakterien sind an der Unterelbe vorbei

Woher haben Hilfsmaschinen auf Schiffen den Kosenamen „Jockel"? *Christian Heckel, Hittfeld*
„Jockel bedeutet Depp oder Dummkopf", hilft uns Schiffseigner Albrecht Scheubner. „Normalerweise wird der Bordstrom ja mit der Hauptmaschine erzeugt und in Batterien gespeichert. Sind die Batterien leer, dann wird der Jockel gebraucht. Er ist zu nichts anderem gut, also gewissermaßen der Depp an Bord." Diversen Wörterbüchern zufolge hat die Bezeichnung Jockel als vermeintliche Koseform des Vornamens Jakob einen abschätzigen Beigeschmack. Albrecht Scheubner hat aber noch eine zweite Erklärung parat: „Vielleicht kommt der Ausdruck auch von juckeln oder joggeln, was so viel wie ‚langsam laufen' bedeutet. Das ist ja beim tuckernden Jockel der Fall." Das meint auch der Duden: Im Band vier des Großen Wörterbuchs der deutschen Sprache heißt es zum Schlagwort „juckeln" in Bezug auf ein Fahrzeug: „langsam, ohne Eile holpernd, tuckernd o. Ä. fahren".

Der Jockel ist zu nichts anderem gut, also gewissermaßen der Depp an Bord

Traumpfad*Finder*, *Sterndeuter*, Wegbereiter.

Studiosus-Reiseleiter zeigen Ihnen das Verborgene hinter dem Offensichtlichen.*

*Qualität mit Brief & Siegel

Studiosus ist der einzige Studienreiseveranstalter Europas, dessen Qualitätsmanagement-System zur Auswahl, Aus- und Weiterbildung von Reiseleiterinnen und -leitern nach DIN EN ISO 9001 zertifiziert wurde.

Studiosus

Jetzt unsere aktuellen Kataloge kostenlos anfordern:

☎ 00 800/24 01 24 01
Gebührenfrei für D, A und CH

www.studiosus.com

Ostküste

Am Atlantik geben sich die Vereinigten Staaten traditionell europäisch

Westküste

Die Amerikaner am Pazifikufer leben lieber ungewöhnlich

Gesellschaft

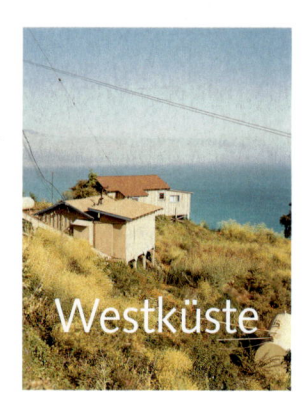

Am Atlantik schauen die Amerikaner auf die Alte Welt, und was sie sehen, das gefällt ihnen. In den Bundesstaaten nördlich von New York nennen sie ihre Heimat sogar Neuengland. Ihre Traditionen stammen aus Europa, und auch ihre Häuser samt Mobiliar scheinen direkt importiert zu sein. Die wohlhabenden Bewohner der Ostküste bauen grandiose Villen im englischen Landhausstil, die sie in vornehmer Zurückhaltung als „cottages" bezeichnen.

Der Weg zu diesen „Hütten" führt über schattige Alleen und durch großzügige, gut bewachte Parks. Denn die Neuengländer möchten zeigen, was sie haben, ohne dabei zu viel von sich selbst preiszugeben.

Es ist nicht leicht, in diese Kreise vorzudringen. Tina Barney gehört dazu. Deshalb ist der Fotografin gelungen, was ihren Kollegen verwehrt bleibt – eine Innenansicht der feinen Gesellschaft von der Ostküste.

Das andere Ufer ist jung und wild. „Caliente Fornalla" tauften die spanischen Entdecker den Küstenstrich am Pazifik – heißer Ofen. Aber das extreme Klima schreckte die Pioniere nicht, der Goldrausch von 1848 lockte Hunderttausende in den Westen. Ein Gefühl von Aufbruch, der Blick zum Horizont – beides gehört noch heute zum Leben am Pazifik. Vielleicht treten Kalifornier deshalb bescheidener auf als Neuengländer. Sie pflanzen keine Hecken, sie bauen keine Burgen. Der Fotograf Roy Tzidon fand Leute, die ganz auf ein festes Dach über dem Kopf verzichten und mit provisorischen Behausungen vorlieb nehmen. Hauptsache, der Blick auf die Natur bleibt unverstellt.

Europäer reden vom „American way of life", als gäbe es zwischen Atlantik und Pazifik eine einheitliche Kultur. Weit gefehlt. Der Reporter Andreas Altmann ist auf den Spuren von Barney und Tzidon an die Ost- und Westküste gereist und berichtet von zwei Lebensentwürfen, die unterschiedlicher nicht sein können. In Neuengland fand er eine Gesellschaft, die sich nach dem Motto „My home is my castle" von der Außenwelt abschirmt. Auf der anderen Seite des Kontinents halten sich die Menschen an den Komponisten Cole Porter: „Don't fence me in" – bloß keine Zäune.

Ostküste

Text: Andreas Altmann   Fotos: Tina Barney

In schmucken Städtchen am Atlantik sind seit vielen Generationen Menschen zu Hause, die vorzugsweise ihr Geld arbeiten lassen. Mit Erfolg, das soll jeder sehen, der ihre prächtigen Anwesen besucht. Außer Haus und Garten beschäftigt die Neuengländer nur eine Sorge: Wie vertreiben sie die erlesene Langeweile, die ihr beschütztes Leben lähmt?

Tina Barney: „Diese Veranden, geschützt
vor den Blicken anderer, haben etwas Mysteriöses.
Dieses wunderbar durchsichtige Schild"
(Hängematte am Haus von Ada, 1982)

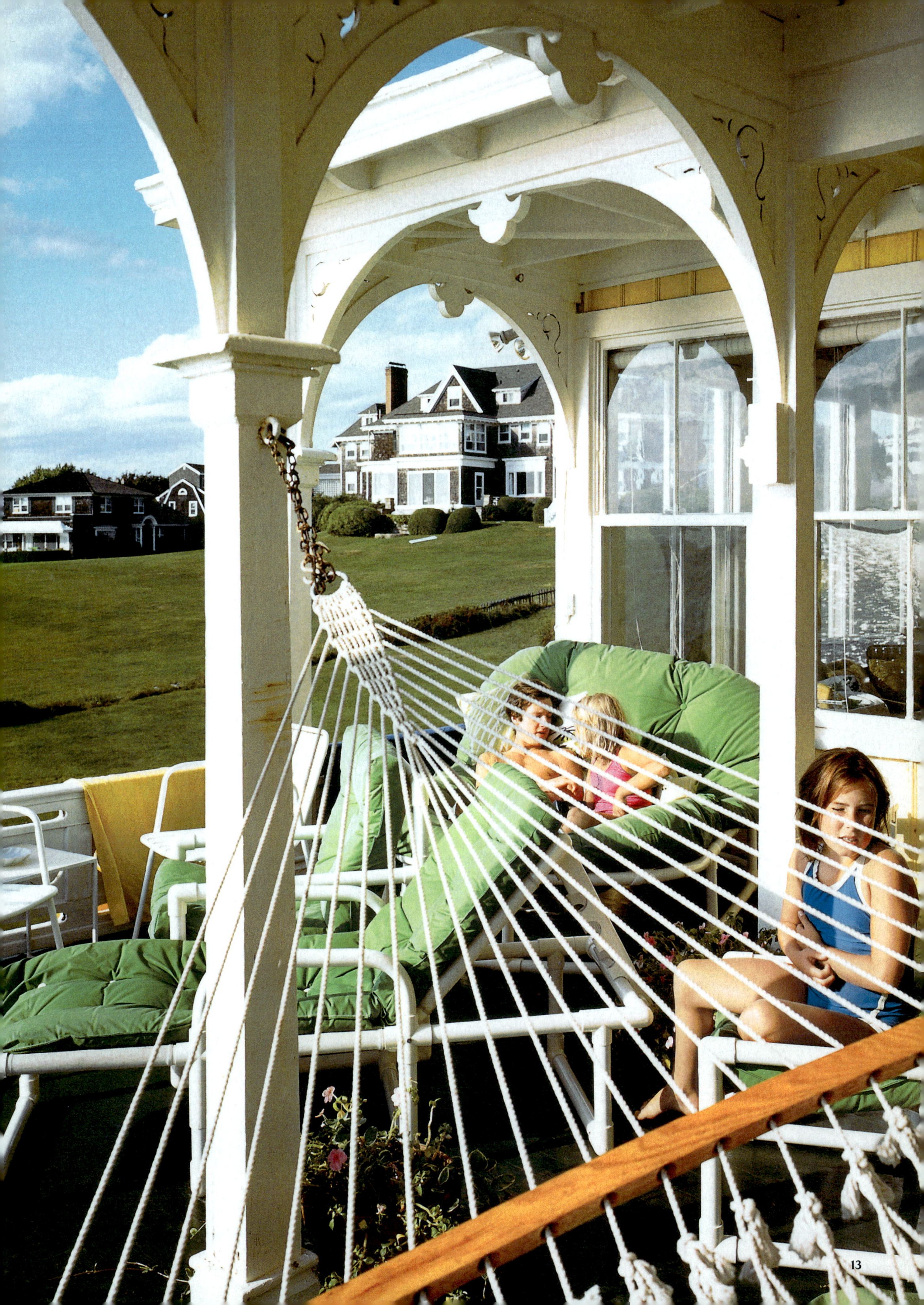

„In meiner Erinnerung kommt es mir vor, als ob mein Vater uns vor dem Rest der Welt abgeschirmt hätte" (Jungs, 1990)

Gesellschaft

Martin Walser notierte einmal: "Amerika ist ein faszinierend romantisch-böses Land. Deutschland ist AOK." Dass unsere Republik so laue Abenteuer verspricht wie das Büro einer Krankenkasse, der Satz riecht nicht neu. Dass allerdings die USA romantisch und böse sein sollen, das ist ein starkes Stück.

Flug von Washington nach Boston, die Boeing 727 wackelt, und vergnügt blinkt das „Dow Phone" in der Rückenlehne des Vordermannes. Damit alle im Flugzeug den Dow Jones abfragen, ja gleich Aktien ordern oder abstoßen können – selbst in 10 000 Meter Höhe. Jedenfalls tun, was alle Amerikaner tun, wenn sie faszinierend, romantisch und böse sind: von Schiffsladungen grüner Dollars träumen.

Ich träume von Watch Hill. Seit ich die Bilder der Fotografin Tina Barney gesehen habe, will ich wissen, wie man das Leben dort aushält. Der Ort liegt an der Ostküste, zwei Autostunden von Boston entfernt. Grandiose Häuser gebe es dort, meilenlange Strände und – wie bald ein ansässiger Juwelier in mein rechtes Ohr flüstern wird – „fortunes you can't imagine", unvorstellbaren Mammon. Watch Hill steht, so spotten die von der Westküste, stellvertretend für den nördlichen Osten des Landes von New York bis zur kanadischen Grenze: standhaft konservativ, diskret, europafreundlich, versessen weißhäutig und ausgesprochen begabt für das furchterregend sorglose Dasein von Zeitgenossen, die mit „silverspoon money" – sprich: auf einem Haufen Geld – zur Welt kommen.

Märchenhafte hundert Kilometer Anfahrt. Watch Hill liegt im äußersten Süden von Rhode Island, dem kleinsten Bundesstaat. Es geht vorbei an rot gestrichenen Bauernhöfen, an funkelnden Kirchturmspitzen, vorbei an den „flaming forests", jenen in Flammen, in Farbenflammen stehenden Wäldern.

Kein Wunder, dass ich irgendwann Jack erwische. Er sitzt neben einem Rastplatz und starrt in die Flammen. So wie es den „Peeping Tom" gibt, der nach bloßen Damen unter Duschen späht, so nennt sich Jack einen „foliage peeper", eben einen, der im Herbst durch Neuengland reist, um nach den Feuerfarben der Blätter zu spähen.

Jeder Reisende weiß es: In reichen Landschaften – reich an Sonne und Schatten, an Wasser und Luft – wohnen Reiche. Warum sollte es in Watch Hill anders sein? Als ich neben dem ersten Fußgänger im Ort anhalte und mich nach einer preisgünstigen Unterkunft erkundige, fragt der Mensch ungläubig zurück: „Cheap?" Er spricht das Wort aus, als würde er nachdenken, was es bedeuten könne, und keine Bedeutung finden. Seine Antwort, wunderbar zweideutig: „Billig? Ich habe keine Ahnung."

Die Dreißigtausend, die täglich während der Sommermonate über die hiesige Bay Street hereinbrechen und ihre Leiber auf den umliegenden Stränden ausbreiten, sie sind verschwunden. Jetzt im Herbst sind die knapp 800 Eingeborenen unter sich. Sinnigerweise nennen sie – sehr britisch in ihrem Understatement – ihre Herrenhäuser nicht „mansions", sondern „cottages", Häuschen. Zudem: Seit geraumer Zeit protzen Reiche – weltweit – weniger auffällig. Um nicht das weltweit wachsende Gesindel

„Das Haus ist das Herz, das Zentrum unserer selbst, das Nest, der Kern der Familie, die Hoffnung, die Fortsetzung, das Band der Familie und ihrer Mitglieder" (Das Anwesen der Familie Barney, 1984)

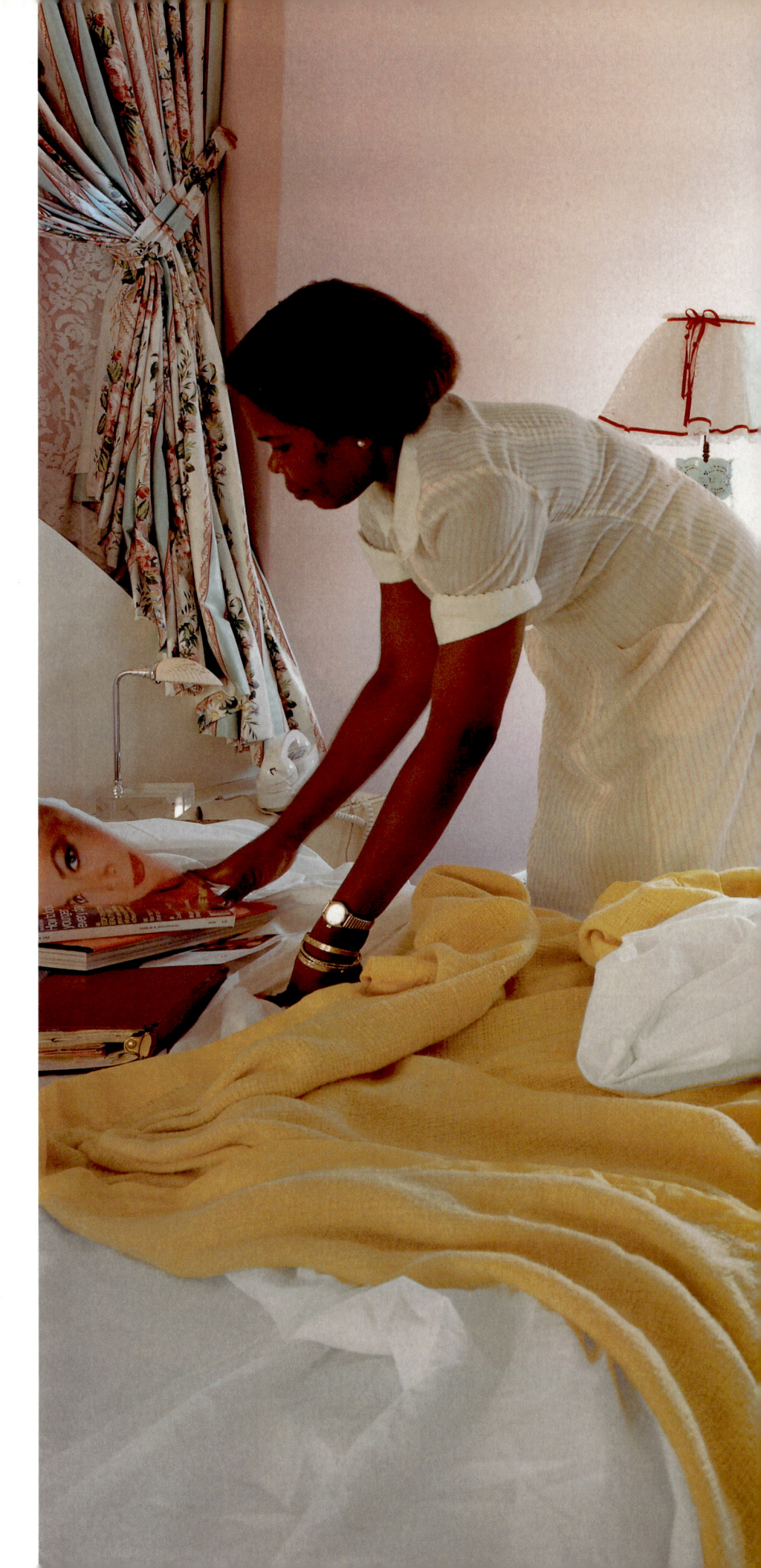

„Tradition. Respekt vor dem Familienleben, in dem man sich in einem bestimmten Stil und mit einem bestimmten Standard um ein Heim kümmert und es ausstattet"
(Beverly, Jill und Polly, 1982)

17

„Die Leute nehmen an Gewicht zu und ab, ihre Frisur verändert sich – äußere Dinge eben; wenn ich jedoch ihre Häuser und deren Inneneinrichtung betrachte, hat sich nicht viel getan. In gewisser Weise beruhigt mich das" (Bei Ada, 1981)

Gesellschaft

„Ich will euch zusammenhaben, zusammenhalten, euch besser kennen lernen – und mich auch"
(Sara und Kik, 1985)

zu verlocken. Deshalb auch der weniger pompöse Umgang mit der Sprache.

Watch Hill sieht gut aus. Auf Hügeln und Kuppen stehen rund 180 Schlösser, nur ein paar Meter über dem anrollenden Meer, nur getrennt durch schmale, lautlose Straßen und stille, beschützende Eichen und Kiefern. Mit echten Schindeln auf den Dächern. Und schwindelerregenden Auffahrten und Hecken, die wie toupierte Pudelschwänze in den dramatischen, tiefenscharfen Himmel ragen.

Schon am ersten Abend wird klar, wie ich die restlichen Abende hier verbringen werde: als Nachtwächter. Denn um diese Zeiten bin ich der Einzige ohne Schlossadresse. Und andere Obdachlose gibt es hier nicht. Auch keine obdachlosen Hunde. Wenn ich zwei Pudelschwänze auseinander biege, sehe ich auf hell erleuchtete, mannshohe Fenster, dahinter Männer und Frauen, die sich souverän vom Kamin zur Couchgarnitur bewegen. Und wieder zurück. Dabei immer mit feinem Geschirr hantierend. Einmal gelingt mir der Blick in eine Küche. Wobei ich nicht gleich erkenne, um was es sich handelt. Ich schaue in zwei Türen, aus denen gleißendes Licht strahlt. Bis ich begreife, dass es sich um einen riesigen, gläsernen Kühlschrank handelt, groß genug, um zwei Elefanten einzufrieren.

Hinter den Fenstern inszenieren sie mit erlesener Langeweile einen Empfang: Zehn Ehepaare einladen, um drei Tage später und drei Ecken weiter selber eingeladen zu werden. Diesen Zeitvertreib hat der liebe Gott erfunden, wie er das Rasenmähen und Autowaschen für die niederen Klassen erfunden hat, um die Menschheit am Selbstmord zu hindern. Damit keiner aufschreit und schreiend nach einem anderen Leben sucht.

Watch Hill sieht schön gespenstisch aus. Besonders bei Neumond, wenn nichts anderes die Nacht erleuchtet als jene Fenster auf den Hügeln und Kuppen. Und man wünschte, Hitchcocks Serienmörder Norman Bates käme mit schwingendem Messer herausgeschossen. Aber „Psycho" wurde im Wilden Westen gedreht, und vor Ort sind die Reichen so friedlich, dass sie keinen eigenen Polizisten brauchen.

Sagen wir, einen halben Polizisten, den schon. Am nächsten Tag finde ich Drake, den pensionierten Ordnungshüter, beim Ordnungshüten. Dazu sitzt er in einem Wagen der „Riconn Patrol Security" und wacht über die Sicherheit des schmalen Weges zum Leuchtturm. Damit sich kein Fremder – Auto fahrend – an ihm vorbeischummelt. Bezahlt wird der listige Dicke von fünf Schlossbesitzern, den Anrainern, die sich ihre Stille ein paar Silberlöffel kosten lassen.

Die Legende geht, dass in frühen Zeiten irgendwo zwischen Drake und dem Leuchtfeuer die frühen Besitzer des Landes, die Indianer, saßen und Ausschau hielten (daher: Watch Hill). Und die Ankunft der Weißen entdeckten und diese Entdeckung nicht überlebten. Seitdem sitzen die Sieger in ihren 180 Wachttürmen und wachen darüber, dass sie die Sieger bleiben.   >

„Die Unfähigkeit, über den Körper
 Zuneigung zu zeigen, liegt in unserer
 Herkunft"
(Jill und Polly, 1987)

21

„Ich hatte ständig das Gefühl, ich würde mich bei den Menschen, die ich fotografierte, einmischen. Dieses Gefühl hat mit der ganzen Idee des Hauses zu tun und mit den Hecken und Zäunen, die uns umgeben"
(Kinderzimmer, 1986)

Mit Geschick, galt doch der Badeort bei der vorletzten Jahrhundertwende als „Queen of Atlantic Resorts". Bis im Sommer 1938 ein Hurrikan an Land raste und Hunderte von Bäumen und Gebäuden flachlegte. Noch 63 Jahre später erweist sich das Desaster als psychologisch wichtig. Denn weitere Aufregung fand nicht mehr statt.

Ich besuche den Buchladen von Vincent. Und natürlich weiß auch er von einem wild entschlossenen Großvater, der sich beim Näherbrausen der Springflut todesmutig mit dem Rücken gegen die Haustür stemmte, um sein Heim vor einer „13 Meter hohen Welle" zu retten.

In wenigen Tagen wird auch Vincent zumachen. Die Saison ist vorbei, und die Zurückgebliebenen lesen nicht. Er erzählt von einem Kunden, der sieben Meter Bücher aus den Regalen räumte und auf dem Fußboden der Buchhandlung stapelte. Und neu ordnete. Nach Farben, von hell über farbenfroh zu dunkel. Der Mann hatte sich gerade sein „cottage" eingerichtet und brauchte Bücherrücken, die farblich zum Teppich passten. Er kaufte sechs Zentner Bücher, ohne nach einem einzigen Titel zu fragen.

Als Vincent erfährt, dass ich Deutscher bin, beginnt er zu sprudeln und gesteht, dass er längst nach Florida zum Überwintern verschwunden wäre, gäbe es da nicht eine junge Deutsche, die hier als Babysitterin mit dem Fünfjährigen eines Müsli-Milliardärs unterwegs ist. Vincent würde sie gern bezaubern können, doch bei der ersten Gelegenheit musste er feststellen, dass sie über keine gemeinsame Sprache verfügen. Nur ihr armseliges Englisch, nur sein nicht vorhandenes Deutsch. So blieb aller Zauber aus. Er schenkt mir zum Abschied den poetischen Satz: „Könnte ich deine Sprache, könnte ich diesen deutschen, diesen wahnsinnigen Mund küssen."

Watch Hills Aufregungen hat ein zügiger Fußgänger nach 20 Minuten hinter sich. Ein Kinderkarussell steht herum. So außergewöhnlich, dass in jedem Prospekt vermerkt wird, die Welt hätte nur noch 66 andere solcher Karussells zu bieten: wo die Pferdchen an Ketten hängen und nicht auf hydraulischen Drehscheiben wirbeln. Am aufregendsten wäre noch die Meldung, dass einst Zigeuner das Vergnügen hier aufstellten. Aber sich irgendwann langweilten und weiterzogen.

Die anderen, sie scheinen begabter für Langeweile. Sogar die brave Geschichte vom St. Claire Annex Ice Cream Shop, der daneben stehenden Eisbude, fasziniert sie. Zum „best ice cream at the Atlantic beach" hat die Presse sie gewählt. Und zum „family favorite" auch noch. Sogar die Saga der Eisbuden-Besitzer verschlägt einem den Atem, am 22. Juli 1987 wurden mit Getöse die ersten „hundert Jahre griechische Eiskrem" gefeiert. So mitgenommen scheinen die Anwohner von dem damaligen Rausch, dass bis heute die Wände voller Zeitungsartikel hängen.

Beide Nervenkitzel liegen an der Bay Street.
Die Straße mit ein paar Dutzend Shops für die Sommermassen. Schon beim ersten Gang vorbei an den Vitrinen will man an Aristoteles denken, wie er leise lächelnd über die Agora von Athen schlenderte und beruhigt feststellte: „Noch nie sah ich so viele Dinge, die ich nicht brauche." 2400 Jahre danach hätte er hellblaue Gartenzwerge, aufblasbare Campingtische und kanaldeckelgroße Aschenbecher aus Bernstein nicht gebraucht.

Ich sitze am Strand, Schritte entfernt liegt Mister Corney auf seinem frisch erworbenen „leisure neck holder", einer edel gepufferten Vorrichtung, um mit entspanntem Nacken in den Himmel zu blicken. Schöner Blick. Möwen segeln unter rot und schwarz beleuchteten Wolken, von fern droht ein Gewitter.

Ich blättere in den Fotos von Tina Barney. Wie alle guten Bilder vermitteln sie nicht Information, sondern Wissen. Wer sie mit Geduld betrachtet, dem werden sie sich öffnen wie asiatische Mandalas, die mystischen Kreisbilder, mit deren Hilfe sich Hindus und Buddhisten in die Meditation versenken. Der Betrachter wird „dahinter" blicken, er wird die ganze Trostlosigkeit von Watch Hill erfahren. Gerade im Hochsommer, wenn die Großfamilien in die Schlösser ziehen, um die Ferien hinter sich zu bringen.

Auf Barneys Fotos sehen wir Menschen, die fest entschlossen sind, die Flucht aus dem Leben anzutreten. Kein lachendes Gesicht taucht auf, keine Freude, keine Tätigkeit, die Kreativität verrät. Nicht lesen und fantasieren, nicht heftig reden, nicht raufen, nicht umarmen. Aber dahocken, sich frisieren, eine Coladose schwenken, einen Telefonhörer zur Hand nehmen. Oder tatsächlich das Haus verlassen und einen Vermögensverwalter besuchen. Oder sich beim Makler herumtreiben, hartnäckig auf der Suche nach etwas Pomphafterem.

Alle sind reinrassig weiß hier, kein Schwarzer kommt vor, nur – welch Klischee und wie wahr – die schwarze Putzfrau, die einmal mit aufs Bild darf. Und das Mobiliar? Man will die Augen versiegeln. Rüschchen, Kordeln, fürchterliche Steppdecken über den

Betten. Die Bücherregale, in denen keine Bücher warten, sondern chinesische Vasen. Und die Rauchertischchen, auf denen nichts zum Lesen liegt außer Kunstbände zum Prahlen. Umrahmt wird das Ganze von Blumentapeten voller Gemälde. Alles peitscht die Sinne, alles soll provozieren und künden vom großen Geld.

Nicht einen Tag will ich bereuen,

denn alle Tage waren der Eintrittspreis, um irgendwann John McVeigh über den Weg zu laufen. Er ist der Einzige, der in Watch Hill ein Abenteuer erlebte und keinen tapferen Großvater auftreten lassen muss, um sich der eigenen Existenz zu versichern. Heute ist John knapp 70 Jahre alt und pensioniert. Früher war er Polizist im fünf Meilen entfernten Westerly, dem nächstgrößeren Ort.

Und so kam es, vor vielen Jahren: Wie üblich drehte John nachts eine schnelle Runde durch Watch Hill, harmlose Routine, denn Nutten, Drogen, Mafia kamen hier nie vor. Dann ein Funkspruch: Draußen auf dem Land wurde ein Wagen gestohlen, John soll die Augen offen halten. Und ihn sucht das Glück heim, das jeden Polizisten heimsucht, wenn sich vor ihm das Böse abspielt und er zum Mann der Stunde wird, der das Böse aus der Welt schaffen soll. John dreht den Kopf, und – unfassbar – mitten im schlaftrunkenen Watch Hill fährt das Diebesgut an ihm vorbei. Und unser Mann von der Ostküste gibt Gas, mit Sirene und Blaulicht. Aber der Dieb will nicht stoppen und quietscht davon. Und begeht nach 300 Metern rasender Fahrt seinen ersten und letzten Fehler: Er biegt in eine Sackgasse ab. Gefangen! Der Strolch stürzt aus dem Auto, springt durch eine Pudelschwanzhecke und rennt über einen englischen Rasen. Und John spricht klar und deutlich sechs Worte aus, die so noch nicht in Watch Hill ausgesprochen wurden: „Stand still with your hands up!".

Aber der Typ rennt weiter, und John entschließt sich zu einer Handlung, die – „god willing" – nie wieder vorkommen wird. Er zieht seinen Revolver Kaliber .38 und feuert dreimal in den bestirnten Himmel. Jetzt weiß der andere, dass sein Gegner John McVeigh ist. Und stoppt, bekommt die Handschellen über, verschwindet nach Westerly ins Kommissariat.

Der englische Schriftsteller Bruce Chatwin notierte einmal, dass jede Reise es wert sei, wenn nur am anderen Ende der Welt eine einzige gute Story auf den Reisenden warte. In Watch Hill werden Abenteurer bescheiden. Schon einmal „Hände hoch" zu hören macht sie froh. ⌒

Vom Atlantik an den Pazifik: Die Amerikaner an der Westküste leben lieber ungewöhnlich. **Seite 26**

„Ich hatte abgründiges Heimweh nach der klaren grün-weißen Landschaft von New England, das Weiß des obligatorischen Tennisdresses, das Grün der Golfplätze …"
(Polly, 1997)

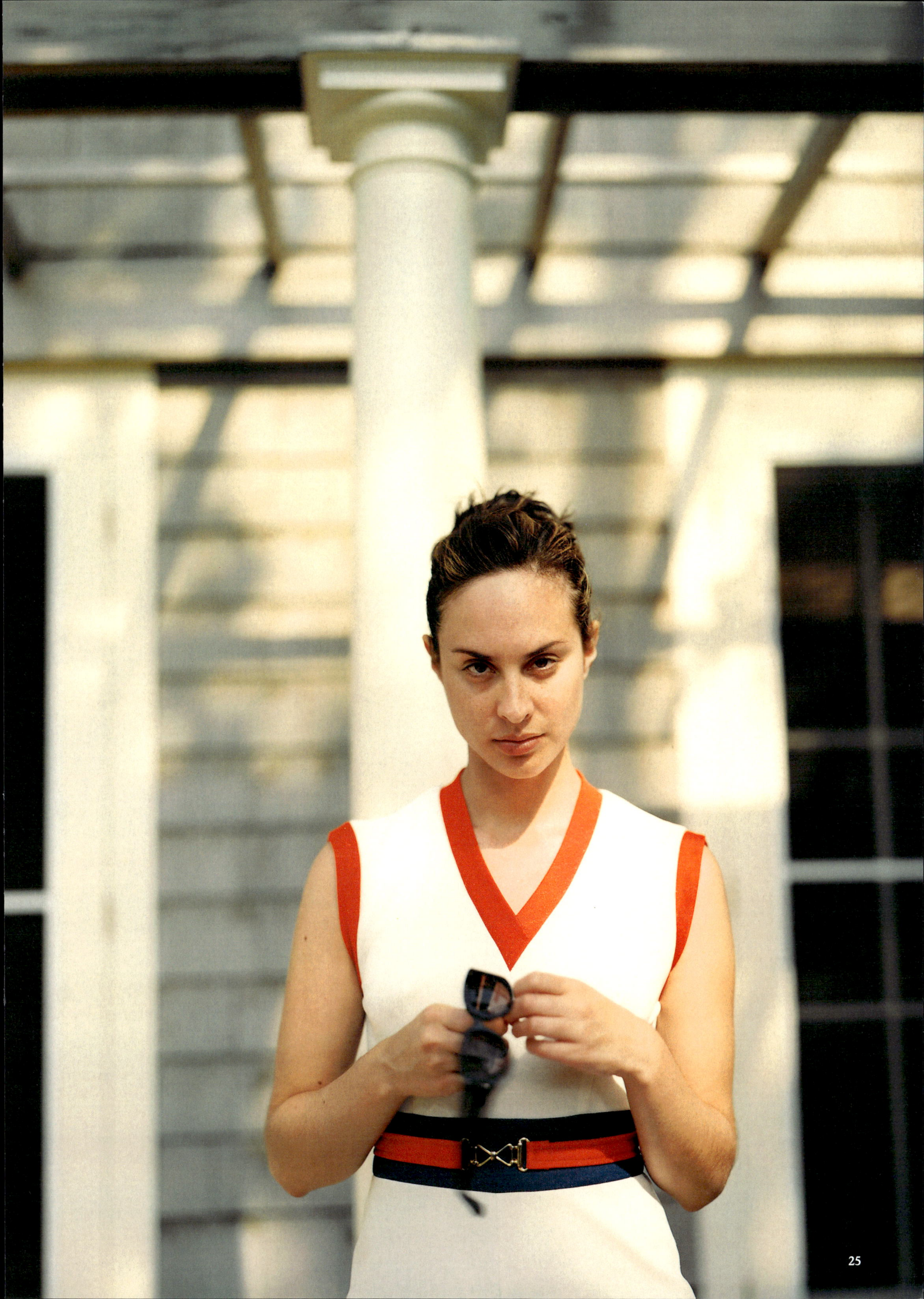

Gesellschaft

Westküste

Text: Andreas Altmann   Fotos: Roy Tzidon

Die Menschen an der Küste Kaliforniens sagen von sich selbst,
dass sie viel Platz brauchen zum Leben. Deshalb richten sie sich eher in bescheidenen
Häusern ein. Große Villen verschwenden bloß den Raum, den die Natur geschaffen hat.
Die schönste Decke über dem Kopf ist noch immer der Himmel

**Highway One: Fremde sollten sich wappnen
gegen die Zumutungen irdischer Schönheit, denen
sie am kalifornischen Pazifikufer ausgesetzt sind**

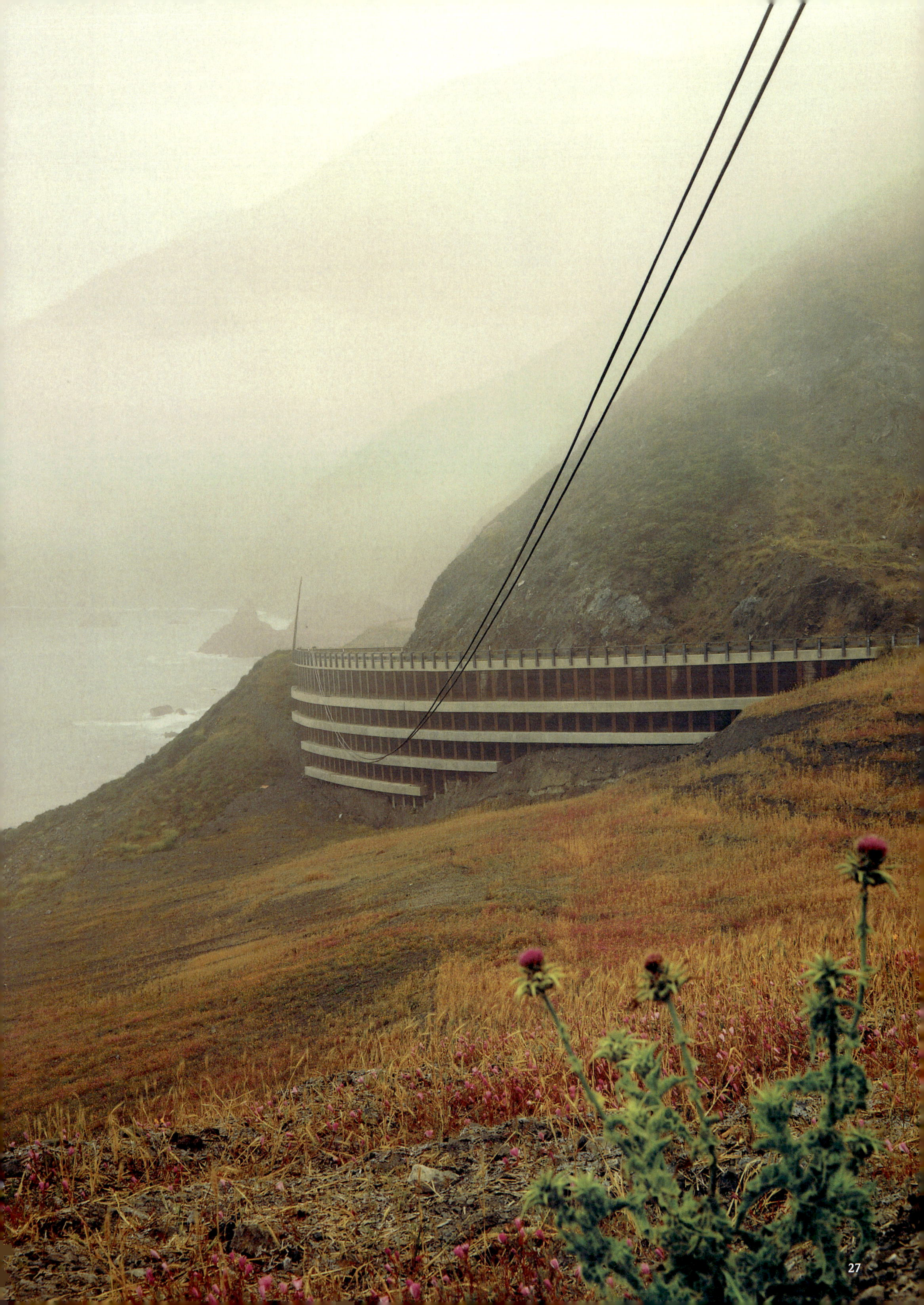

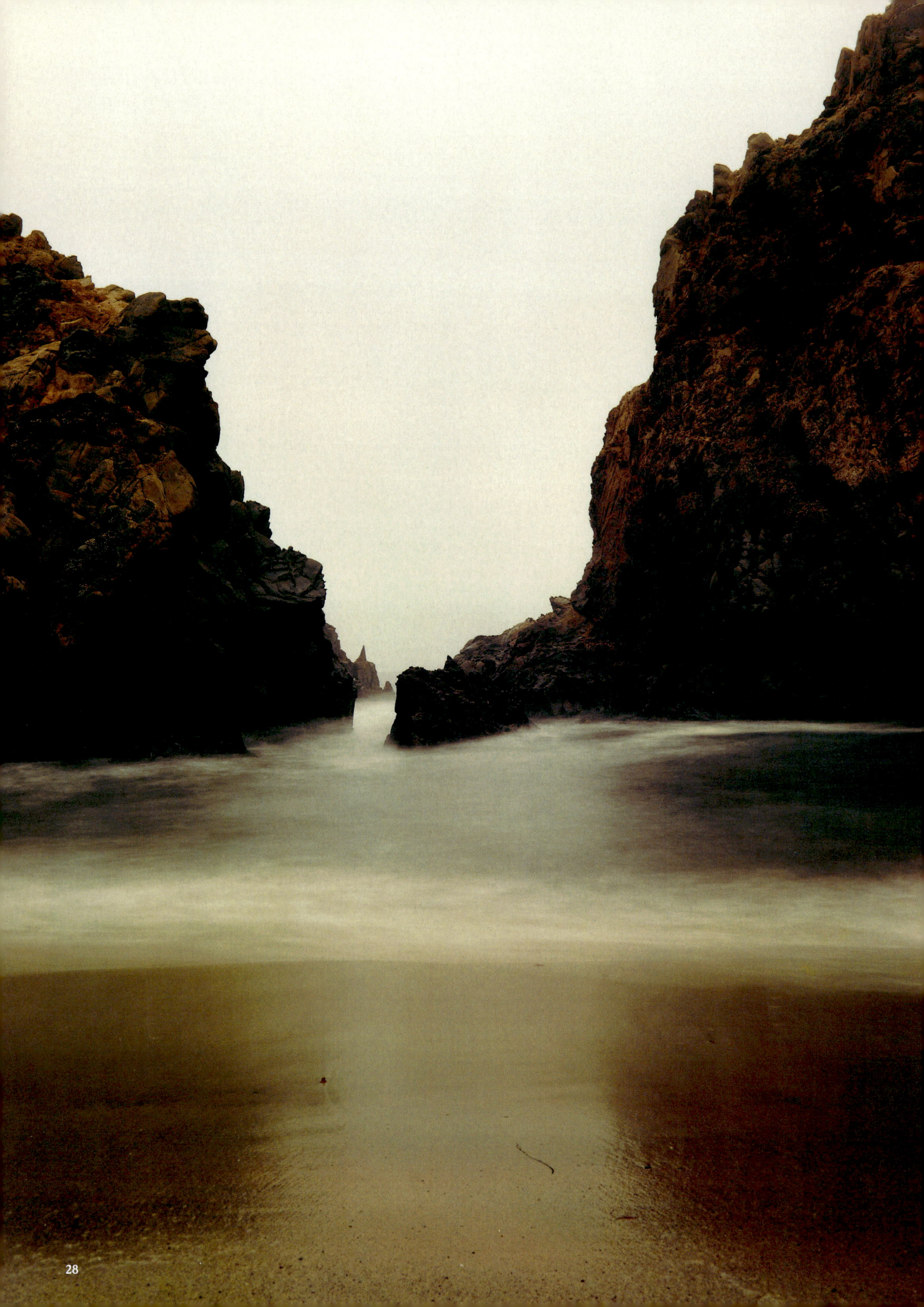

Die Mär vom glücklichen Hans geht so:

Hans ist Restaurantbesitzer und Inhaber einer Zapfsäule mitten im Paradies. Eines Tages stellt er sich vor die Tür und beschließt, alle Autos zu zählen, die vorbeikommen. Und er zählt sieben in 24 Stunden. Hans kann sein Glück nicht fassen, er vergrößert.

Ein wahres Märchen. Hans Ewoldsen hieß der Gewitzte, und gezählt hat er – Sommer 1943 – vor dem River Inn, einem der ersten Restaurants in Big Sur, dem Paradies. Zwei Generationen nach Hans stelle ich mich vor seine Tür und zähle an einem Sommer-Wochenende die dicken Daddies und dicken Moms in ihren dicken Autos, alle. Und bei Hans waren es sieben in 24 Stunden und bei mir sind es 24 in sieben Sekunden. O.K., übertrieben, aber wenig, verdammt wenig übertrieben.

Als Männer noch mutig und beneidenswert aussahen, noch nach einem intensiven Leben und intensiven Gefühlen hungerten, wanderten sie hierher. Auf einem kurvigen, abschüssigen Pfad. Die ersten kamen in der Mitte des 19. Jahrhunderts. Kamen auf Eseln und Pferden. Und jagten Grizzlys und Wale. Legten sich an mit jenem Erdteil, den seine weißen Entdecker, die Spanier, „El Sur Grande", den Großen Süden, nannten. Jenem auf die Erde gefallenen Zauber, südlich von San Francisco, nördlich von Los Angeles, keine 60 Meilen lang und immer bedroht, immer verwöhnt vom Pazifik. Eben jenem Meer, über dem Henry Miller in seinem Big-Sur-Haus schwebte und über das er ergriffen „the look of always" flüsterte. So grandios und ewig lag es vor ihm.

Mit Hilfe emsiger Chinesen und träger Zuchthäusler wurde aus dem Trampelpfad der Highway One. 18 Jahre Maloche und Hunderte von der Brandung verschlungene Leiber waren der Preis. Verantwortlich für das 1937 eröffnete Kurvenwunder mit den 29 Brücken waren nicht Verkehrsminister, sondern fürsorgliche Generäle. Wie immer auf der Hut vor dem Weltkommunismus, entdeckten sie an der Westküste eine offene Flanke. Die fertige Straße beruhigte sie, Panzer und Infanterie konnten nun zügig gegen jeden an Land kletternden Bolschewiken in Stellung gebracht werden.

Der Kommunismus hat es nie hierher geschafft, andere Desaster schafften es. Auf der Bixby Creek Bridge, einer der ersten Augenblender auf dem Weg von Nord nach Süd, treffe ich David, den Kranführer. Die Brückenstreben werden seit drei Jahren „erdbebensicher" betoniert, Kosten: zehn Millionen Dollar. David kennt sich aus, Fluten, Tornados, ja Winterstürme rasen vorbei. Noch heute stehen siebenstellige Schulden aus, die der Steuerzahler für die Verwüstungen von El Niño abtragen muss. „Amen", murmelte Miller bisweilen. Das himmlische Wort sollte den teuflisch launischen Pazifik besänftigen.

Inoffiziell beginnt bei der „Bixby" – sie hieß einmal „Regenbogen-Brücke" – Big Sur. Und wie Odysseus beim Vorübersegeln an der Insel der Sirenen seine Gefährten an die Schiffsmasten kettete, damit sie den Verstand nicht verlören beim Hören der zauberischen Klänge, so sollte jeder Fremde sich wappnen gegen die Zumutungen irdischer Schönheit, denen er nun hilflos und dreidimensional ausgesetzt wird: rechts das von einer seidenglitzernden Haut überzogene Meer um sieben Uhr morgens, links die blau leuchtenden Wälder und Felsen der Santa Lucia Range, weit oben der maßlose Himmel. Big Sur tut weh. Wie Männern der Blick auf eine atemberaubend schöne Frau wehtut. Weil sie von keinem Serum wissen, um sich vor so viel Übermacht zu schützen. Was bleibt – in beiden Fällen –, ist das Versprechen, als hemmungsloser Bewunderer anzutreten.

Ich trete die Flucht an, biege links ab auf die Old Coastal Road, die ein paar Kilometer parallel zum Highway verläuft, fern vom Wasser und behütet von den Schatten einsamer Bäume. Vom Weg aus sieht man ein paar versteckte Häuser. Zwei seltsame Dinge passieren. Ich frage nach einer Adresse, und ein zahnloser Mann ruft heiter „wait", hüpft zurück in seine Blockhütte und kommt nicht wieder. Beim zweiten Mal grient mich eine lederbraune Greisin an und zeigt in die exakt falsche Richtung. Die beiden – und fünf weitere werde ich in den nächsten Tagen treffen – stecken unter einer Decke. Der Decke jener, die nach Big Sur kamen. Und blieben. Plus/minus 1300, heißt es. Und die mit Eifersucht und pfiffigen Finten darüber wachen, dass jeder Fremde zur Hölle fahre und sich dort verirre.

Aber die falsche Richtung bringt Glück. Ich überhole einen jungen Kerl und bleibe stehen, schon im Rückspiegel fiel sein klares, konzentriertes Gesicht auf. Und mit klaren, konzentrierten Worten gibt Brian ein paar Daten aus seiner Biografie preis, erklärt, dass er auf dem Weg zum Tassajara Zen Retreat sei, einem hier in den Tälern versunkenen buddhistischen Kloster.

Brian verströmt die Ausstrahlung von Zeitgenossen, die seit Monaten auf einem harten Kissen sitzen, den Mund halten und meditieren. Acht Stunden lang, dann Gemüse jäten und Reisschalen spülen. Immer mit der einen, so einzigartig schweren Aufgabe

Frühmorgens am Pfeiffer Beach. Henry Miller schrieb über die Pazifikküste von Big Sur: „The look of always" – so sieht die Ewigkeit aus

beschäftigt, sich auf den jetzigen Augenblick zu konzentrieren. Nur wer am Rande wankt, tut sich das an. Brian wankte auf einen frühen Tod zu, dreimal pro Tag fädelte er die Heroinnadel ein.

Ich frage ihn, warum er sich für Big Sur entschieden habe, um sein Leben in Sicherheit zu bringen. Und der 23-Jährige scheint überzeugt, dass über gewissen Orten der Erde „lines" gespannt seien. Und im Großen Süden wirkten die Linien der Magie, der Leichtigkeit, der Ahnung von dem, was Leben bedeuten könne.

Zurück Richtung Highway One. Mit Zwischenlandungen auf den Gipfeln der Santa Lucia Range. Und Blicken hinunter auf die Erde. Und der Erinnerung an eine Notiz von Robinson Jeffers, der als „Poet of California" berühmt wurde: dass einst Meteore hier niedergingen, um die mächtigen Furchen der Täler zu pflügen. Wie gezielt beobachtet. Nur Metaphern taugen noch, um ein Geheimnis zu beschreiben.

In der Mitte der 60 Meilen liegt der Ort „Big Sur", das wären ein paar Geschäfte und ein paar Motels. Und eine Leihbücherei. Und der Big Sur River. Rücksichtsvolle Mitmenschen wirtschaften hier. Alle Gebäude riechen nach Holz, ducken sich, sind bescheidener als die Natur. Und noch immer reizt die Größe der Parkplätze zu keinem gellenden Wutschrei. Und noch immer stehen das River Inn und die Zapfsäule vom längst verschwundenen Hans im Glück.

Dass der Glückliche auch die Preise mit ins Grab nahm, war vorauszusehen. Kostete ein Zimmer bei ihm noch 30 Dollar – im Monat –, so reicht die Summe heute für keine halbe Nacht. Bob, der Mann an der Tankstelle, weiß es genau: „Hier zahlst du nicht fürs Schlafen, hier zahlst du fürs Träumen."

Einen Steinwurf weiter – direkt vorm Laden, direkt neben den Sixpacks – steht Ron. Gleich werde ich wissen, dass ich nicht zu träumen brauche, wissen, dass meine Träume wahr werden. Denn Ron mit den drei Jahre alten Tomatenflecken auf dem Hemd über dem Bierdosen-Bauch, mit den Löchern im linken Hosenboden und den zehn Gramm Dreck, die seit vielen Sommern unter seinen zehn Fingernägeln wuchern, feuert famose Sätze ab. Ich frage ihn nach den Scharen von Hippies und Streunern, die einst über Big Sur herzogen. Und Ron, trocken und souverän: „Wir haben sie weggeschrubbt, wie der Regen den Highway schrubbt." Dann Pause, wohl um die muskulösen Worte nachzuschmecken, dann eine halbe Dose gurgeln, dann: „Wir wollen saubere Leute hier. Leute, die Verantwortung übernehmen."

Das Umwerfende an der Szene: Ron meint es ernst. Über seine hübschen blauen Augen huscht kein Blinker Unbestimmtheit. Er, der Schluckspecht, dem die Sonne gerade die Schaumkronen auf seinem Schnauzer wärmt, legt ungerührt nach: „Listen, man, I work my butt off" – hör zu, ich arbeite mir hier die Arschspalte heiß.

Noch umwerfender: Ein paar Wörter stimmen. Ich werde in Kürze erfahren, dass der 47-Jährige heil – sagen wir, fast heil – aus Vietnam zurückkehrte. Und ein feiner Typ ist. Schräg und windschief, das schon, aber kein Grobian, kein kalter Mensch.

Rons Hautfarbe verrät seinen Wohnort. Wie so viele andere in Big Sur geht er strahlend und bronzefarben durchs Leben. Hocken sie an der Ostküste in ihren von Weltrekorden schauerlichen Geschmacks vollgerümpelten Wohnzimmern, so riskieren sie hier lieber schwarzen Hautkrebs als den faden Tod fader Stubenhocker.

Ich lade ihn auf den Beifahrersitz, eine Minute später biegen wir ab in den Wald, runter zum Fluss. Behütet vom Wispern des Wassers und den Schwingen verschwiegener Redwoods steht „his home", sein Wohnwagen.

Da findet sich kein schnelles Wort im Universum, um das Innere des rostlöchrigen Blechkastens zu beschreiben. Vielleicht passt: zwei Räume, ach, zwei Höhlen, getrennt durch eine Sperrholzplatte. Im ersten liegen zwischen Spinnweben und daumendickem Grind ein demontierter Ventilator, ein paar Werkzeuge, drei lange Messer. Und eine nie gespülte Tasse auf einem in alle vier Himmelsrichtungen zerfledderten Buch – The Angels' Guide to Spirituality. Mit einer berührenden Widmung: „Darling, glad you are on your way to a new life. Mariah." Eine Exfreundin und ihre Anspielung auf Rons Versuch, sich in einer Klinik von seinen täglich zehn Sixpacks loszusagen. Das war einmal, denn im zweiten Loch, hinter der Bretterwand, liegt der „bedroom": eine Bierdosen-Halde und obenauf eine Matratze, älter als alle tausendundeine Bierdosen zusammen.

Ron lebt gern, man kennt ihn in Big Sur, bisweilen bekommt er einen Job, schlossert, flickt einen Zaun, nagelt eine Hundehütte. Er sagt die zwei so verschiedenen Sätze, dass er oft „grinst und lacht" und darauf achtet, dass jeder ihn mit Würde behandelt.

Bald kommen Freunde, zu Fuß, per Autostopp, einer in seinem stoßdämpfermüden Buick. Alle abgerissen, alle Tagelöhner,

Jacko Moffett, 59, Aussteiger: Er lebt seit 25 Jahren ohne soziales Netz, ohne Hinterausgang, ohne Rückendeckung. Hauptsache, nicht im Achtstunden-Korsett des stinknormalen Arbeitslebens

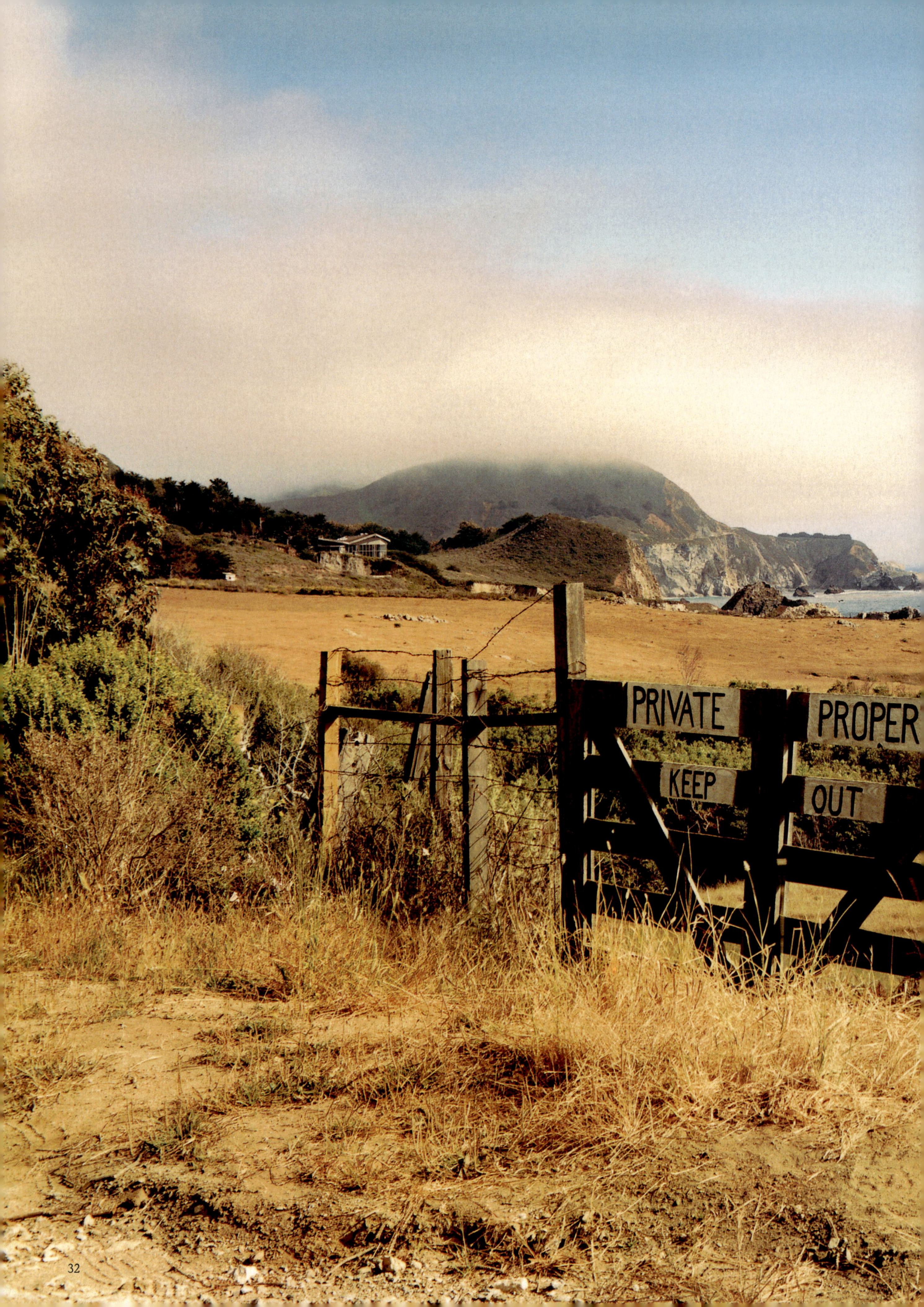
PRIVATE
PROPER
KEEP
OUT

Palo Colorado Road:
Die Häuser ducken sich,
sind bescheidener als
die Natur

Gesellschaft

**Refugium bärenstarker Spinner und zügelloser Egos:
Der Schauspieler Lawrence Fishburne und eine unbekannte
Schöne lassen sich im Pool des Esalen-Instituts treiben**

alle verliebt in Big Sur. Wir drehen eine schnelle Runde, um „etwas zum Inhalieren" zu besorgen. Die Gegend ist bekannt für sauberes, selbst gezogenes Gras. Dann am Fluss sitzen und auschillen. Erstaunlich, wie sie miteinander umgehen, mit cooler Selbstverständlichkeit ihr Bier teilen, ihre Zigaretten, ihren Pot. Und von der Idee besessen scheinen, dass sie „space" brauchen, Raum, Platz, um sich auszubreiten in der Welt. Zu lange hätten sie diese (fordernde) Freiheit geliebt, zu lange sich von dieser (erfüllten) Liebe ernährt, um jetzt noch heimkehren zu können in ein ganz normales Dasein.

Federico, der Italiener, meint: „We live on the edge", wir leben auf Messers Schneide. Das klingt bombastisch und ist doch wahr. Jeden Morgen fangen sie von vorn an, ohne Rückendeckung, ohne Netz, ohne lieben Gott, ohne Hinterausgang. Und haben nichts als diesen verrückten Glauben, dass immer etwas stärker in ihnen sein wird als die augenblicklich eintreffende Pleite. Und wissen ein für alle Mal, dass kein Leben unzumutbarer wäre als das Leben eines „nine-to-fiver", jenes armen Arsches, der mit trostlos stumpfsinniger Arbeit sein Leben abstottert. Lebenslänglich.

Fährnisse dräuen. Auf einem Felsenbuckel mit Ausblick ins Meer wurde vor einem halben Jahrhundert das Restaurant Nepenthe – ägyptisches Wort für „sorgenlos" – erbaut. Keine fünf Autominuten von Rons Lager entfernt. Neben der Küche hängt ein Foto von Henry Miller mit Freunden beim Abendessen. Der Schriftsteller, ein Bildhauer, ein Dichter, ein Filmemacher, vier haltlos prustende Männer beim Erzählen dreckiger Limericks. Das war. Wie die Zeit, in der ein Robert Louis Stevenson „Die Schatzinsel" schrieb und dabei an diesen Küstenstrich dachte.

Auch ziehen kein Jack Kerouac und kein Lawrence Ferlinghetti mehr vorbei. Big Sur als Refugium bärenstarker Spinner scheint in Gefahr. Denn längst haben die „dot.commers" das Gelände für sich entdeckt. Die Internet-Hyänen, die TV-Bimbos, die keine fünf englischen Sätze korrekt zu Ende bringen, dafür rasant die Welt einkaufen und sie vollstellen mit ihren protzigen Träumen.

Magnus Torén, der Leiter der Henry Miller Memorial Library, nennt die Konsequenzen: Die Preise jagen nach oben, der Kontakt unter den Anwohnern schrumpft, die aberwitzige Schönheit von Big Sur kommt unter die Räder. Ja, den Local Coastal Plan gibt es, er verhindert so manche Auswüchse. Ja, die Korruption, die Schliche, die zügellosen Egos, die gibt es auch.

Ich will mit keinen Rachegedanken davonziehen. Will noch einen Mann und eine Frau treffen, die wie nicht viele andere zum Glanz dieser Landschaft beitragen. Will mich noch an zweien bereichern, die – von Miller klaue ich das Gleichnis – zum Salz der Erde gehören. >

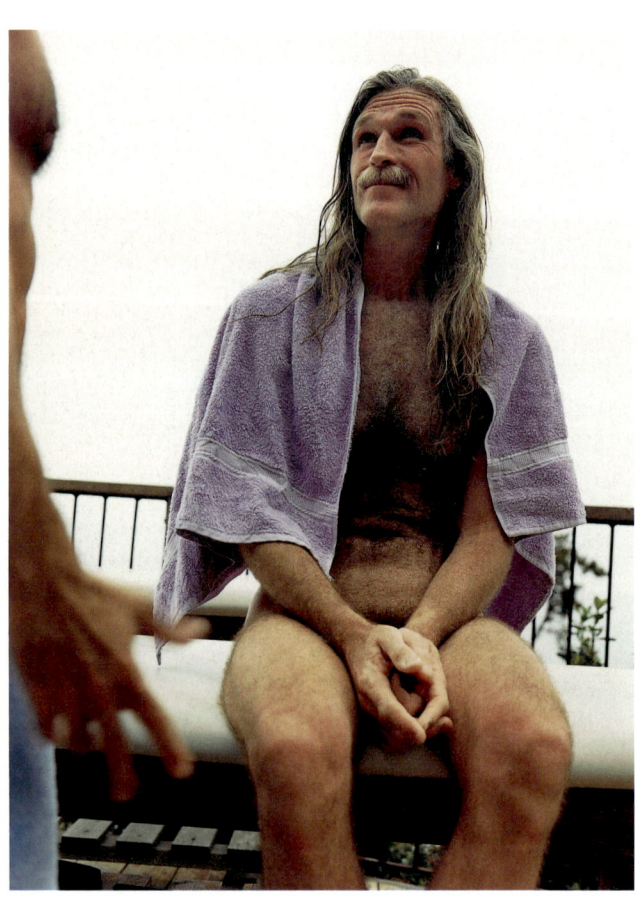

George Conby, 47, Heiler: Der Große Süden lehrt Leichtigkeit, eine Ahnung von dem, was Leben bedeuten kann

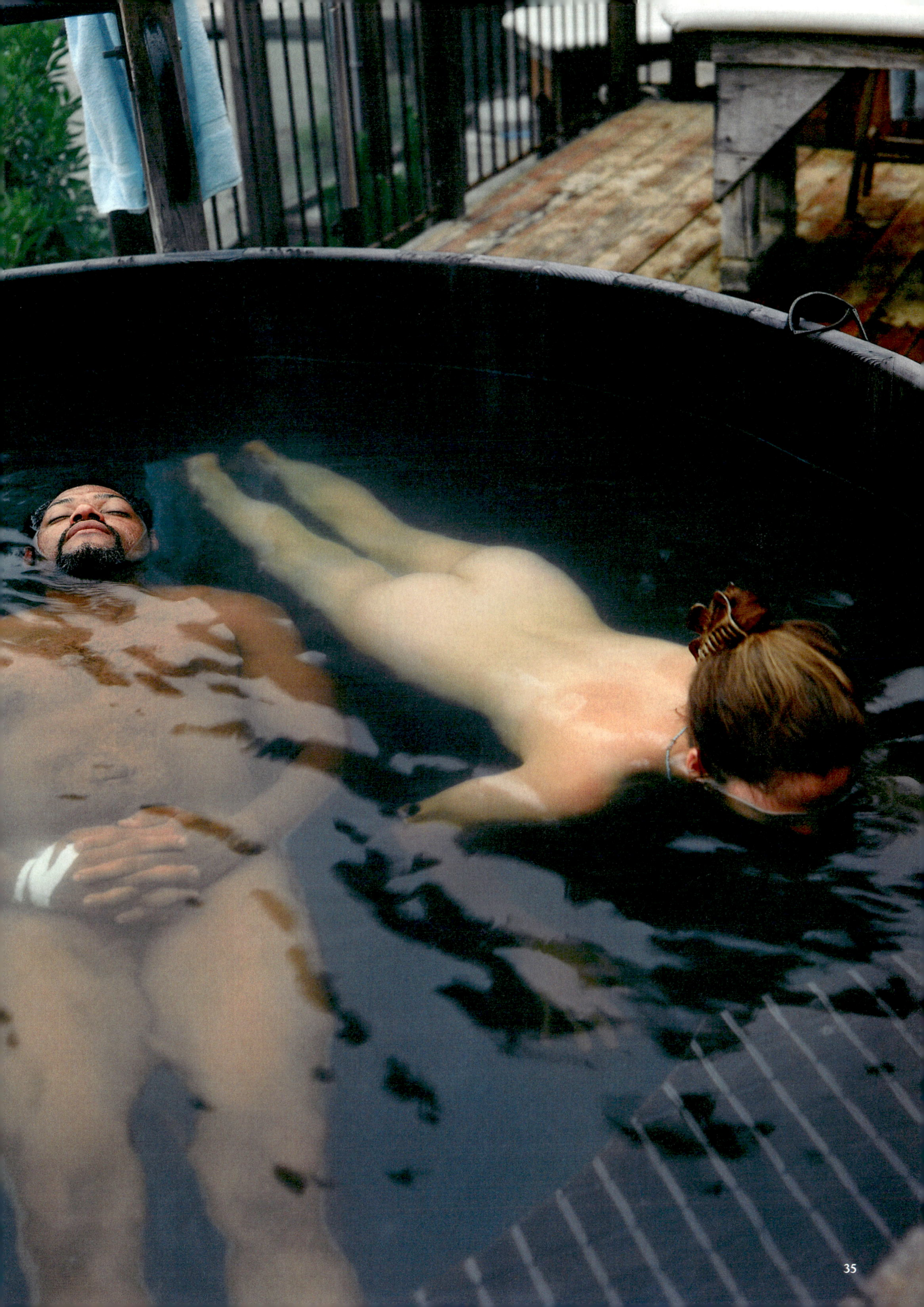

Gesellschaft

Steve Beck, 50, Gärtner. Im Big Sur wirtschaften rücksichtsvolle Menschen. Besessen sind sie alle von einer Idee: dass sie „space" brauchen, Platz, um sich auszubreiten

Andreas Altmann, Reporter und Autor, lebt in Paris. 1992 erhielt er den Egon-Erwin-Kisch-Preis, 1999 schrieb er ein Buch über seine Amerika-Reisen: „Im Land der Freien" (Rowohlt Verlag). In diesem Jahr erschien im Picus Verlag in Wien sein Reisebericht: „Im Herz ein Feuer. Unterwegs von Kairo in den Süden Afrikas". In mare *No. 24 berichtete Altmann über die Akademie der US-Marine in Annapolis*

Die Fotografin Tina Barney ist am Watch Hill aufgewachsen. Mit 28 Jahren begann sie, ihre Familie und Bekannte aus Neuengland zu porträtieren. Fotos und Zitate stammen aus ihrem 1997 veröffentlichten Buch „Fotografien. Von Familie, Sitte und Form" (Scalo Verlag, Zürich)

Roy Tzidon, israelischer Künstler mit Wohnsitz in Brüssel, war zum ersten Mal für mare *unterwegs. Seine Fotografien der Menschen in Big Sur widmet er seinem verstorbenen Freund, dem Jazz-Pianisten Tony Castellano (1935–1999): „In the memory of a true and inspiring friend"*

Im Süden von Big Sur liegt das Esalen-Institut,

eine „weltweite Gemeinschaft von Suchern", ein Therapiezentrum zum Besänftigen weltweiter Neurosen, ein Ort mit sprudelheißen Quellen zum Auferwecken erledigter Körper.

Hier arbeitet der Amerikaner Charlie Cascio in der wild duftenden Küche. Als Boss, mit langen silbergrauen Haaren und dem gut geschnittenen Gesicht eines Mannes, der ein Leben hinter sich hat. Erblickt vor 55 Jahren das schauerliche Licht einer texanischen Großstadt und zieht los. Zieht nach Amsterdam und wird Koch und Bürgerschreck. Zieht als ambulanter Küchenchef durch Europa und französische Schlösser. Zieht nach Big Sur und verzieht sich – er schwört – in einen kolossalen Baum. Lernt eine Frau kennen, verlässt den Baum und findet über den nächsten Umweg durch die Welt wieder hierher zurück. Mit einer anderen Frau, mit Marion, der so bedenkenlos lachenden Deutschen.

Und ich sehe die beiden in der Küche nebeneinander stehen und begreife plötzlich, warum Frauen verrückt nach Köchen sind. Weil die etwas zaubern, was anschließend durch den Leib der Frau gleitet. Und der Frauenkörper genießend die Zauberkräfte des Mannes zur Kenntnis nimmt. Und nach mehr verlangt.

Die beiden nehmen mich mit. Wir fahren über den Highway One, kurven irgendwo rechts ab, sperren eine Privatstraße auf und landen nach haarigen Serpentinen ganz oben. Wo ihr leichtes Haus steht, das sie mit sagenhaftem Eifer hier hoch stemmten. Wo die Bücher stehen und der Ofen und draußen vor der Tür die ein oder zwei Dutzend Weltwunder. Wir trinken Tee und reden von ihrer Liebe. Von der sie nicht wissen, wohin sie ausbrechen wird. Denn in einer so fordernden Umgebung könne sie jäh abstürzen. Doch momentan – und seit fünf Jahren hatten sie viele solche Momente – würde sie, die Liebe, wachsen, würde auf geradezu Furcht einflößende Weise über sie herfallen.

Abends trete ich den Rückweg an. Mit verwirrenden Gedanken. Weil ich am Bettende von Charlie und Marion eine Badewanne entdeckte. Und ich nicht mehr sagen könnte, ob es Glück verheißendere Handlungen für einen Mann gibt, als morgens aus dem warmen Bett in die warme Wanne zu steigen und mit seinen Augen hin und her zu wandern zwischen der biegsamen-ansehnlichen Freundin und dem Verstand lähmenden Big Sur.

Am nächsten Morgen bin ich auf dem Weg zurück nach San Francisco, auf halber Strecke bremse ich vor einem McDonalds-Restaurant, Pause für einen Kaffee. Am Eingang hängt ein Poster mit dem Porträt eines Teenagers, darunter der Text: „I work here. It's a job that fits my life. Apply!" Sofort denke ich an Brian, an Ron, an Miller, an die beiden in der Badewanne über dem Pazifik. Und sofort wird offenbar, dass jeder für sich entscheiden muss, ob ein McDonalds-Leben zu ihm passt oder ein anderes.

Jetzt gibt es was Scharfes aufs Auge

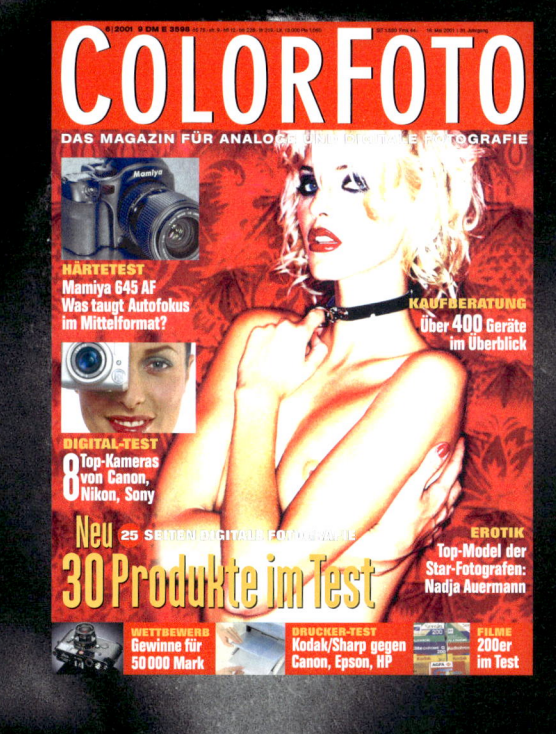

ColorFoto

NEU: 25 Seiten digitale Fotografie/30 Produkte im Test. **BESTENLISTEN:** Über 400 Geräte. **LABORTEST:** Mamiya 645 AF/Was taugt Autofokus im Mittelformat wirklich? **WETTBEWERB:** Gewinne für 50.000 Mark. **EROTIK:** Nadja Auermann. **COLOR FOTO: Ab 23. Mai am Kiosk.**

Geheime Verschlusssache mit Seelachs

Zu Zeiten von BSE und MKS: In Berlin-Spandau wurde jetzt der Fisch-Döner erfunden

Text: Manfred Kriener
Fotos: Heike Ollertz

DIESER KLEINE IMBISS WILL auf leisen Sohlen betreten werden. Er ist ein kulinarischer Treffpunkt voller Geheimnisse. Zugleich blüht hier ein kreatives Feld für große Pläne und wagemutige Experimente. Dabei sieht der winzige Gastraum eher wie eine Krabbelkiste aus, ist mit Schäfchenwolken, Mond und Sternen bemalt. Fünf Spielautomaten daddeln vor sich hin. Sie sind nichts als Tarnung. Denn dies ist ein Ort des Aufbruchs. Hier, im Nordwesten Berlins, dort, wo sich die Spandauer Vorstadt besonders tatorttauglich zeigt, wird dem türkischen Drehbraten eine neue Zukunft gewiesen.

BSE-Panik und Maul- und Klauenseuche haben auch den Döner nicht verschont. Der meistgegessene Snack der Republik bekam kräftig eins übergebraten. In den Kassen der 1300 Berliner Döner-Buden zeigen sich die BSE-typischen Löcher. Die Türken haben fast noch mehr Angst vor dem Rinderwahnsinn als die Deutschen, und sie können nicht auf das für Muslime verbotene Schweinefleisch ausweichen. Wo geht es also hin mit dem dicken Fleischspieß in Zeiten, in denen unsere Nutztiere in Zementwerken verheizt werden und das Kalbsschnitzel zur Mutprobe wird? In Zeiten, in denen die britische Regierung das Militär im Seuchen-Einsatz gegen 200 000 Mutterschafe vorrücken lässt? Döner – quo vadis?

Die Antwort auf diese Frage ist klein, weiß und dreht sich munter: Deutschlands erster Fisch-Döner – garantiert BSE-frei, ohne Gräten und Fischgeruch. Mamo Acar (36), sein genialer Erfinder, schiebt den gewaltigen Schnauzer nach oben, lässt eine makellose Zahnreihe blitzen und sagt dann ganz leise seinen Lieblingssatz: „Das Rezept ist geheim!"

Fast alles hier in Spandau ist geheim. Warum müffelt der stundenlang vor dem heißen Grill stehende Fisch nicht strenger nach Fisch? Warum trocknet er nicht aus? Was kommt in die Sauce rein? Und was

Zukunftspläne: 15 verschiedene Döner und ein riesiges Grillhaus

hat sich Acar als nächsten Coup ausgedacht? Geheim, geheim, geheim.

Soviel hat er immerhin verraten: Auf dem Spieß stecken Seelachsscheiben, die er in die dönertypische Kopf stehende Kegelform gepresst hat. Auch Kabeljau sei „sehr interessant", sagt Acar, und selbst mit Tintentisch lohne sich ein Versuch. Aber Seelachs ist erste Wahl. Der Fisch wird am Vortag mariniert. Die Komposition der Marinade ist ebenso Betriebsgeheimnis wie die Sauce, mit der die Fischstückchen serviert werden.

Sie hat einen leicht sahnig-cremigen Touch, die rosige Farbe deutet auf Rosenpaprika hin, dazu vielleicht ein Hauch Knoblauch. Wir können nur schnuppern und raten. Geschmeckt hat er jedenfalls gut, der erste Fisch-Döner der Welt. Saftig und angenehm weich.

Die weiteren Zutaten lassen sich leichter identifizieren: Die vom Spieß abgescheibelten Fischtrümmer schichtet Acar in das übliche erwärmte Weißbrot-Viertel, das zuvor mit Geheimsauce ausgestrichen wird. Obendrauf packt er ein Gemisch aus Römersalat-Schnipseln, etwas Rettich, rote Zwiebel, Schluppen, Ruccola, Dill. Ein Achtel Zitrone ausgequetscht, basta!

Mit dieser Mischung ist der geschäftstüchtige Türke zum Döner-Star avanciert. Fernsehsender halten die Kamera auf sein Büdchen, Radiostationen kämpfen um O-Töne, Zeitungen loben den findigen Mann. Und die Konkurrenz liegt ihm zu Füßen, bettelt um Rezepte und Zubereitungstechniken. Acar überlegt noch, wen er erhören will.

Dann, nach dem zweiten Glas Tee, hat er doch noch ein Geheimnis verraten. 15 verschiedene Döner will er in einem neuen Objekt, einem riesigen Grillhaus, anbieten, darunter auch einen Käse-Drehbraten aus selbst gemachtem Spezialkäse. Im Kühlschrank liegt schon der erste Prototyp.

Anfassen ist erlaubt, aber die Rezeptur – Acar rollt mit den Augen – liegt natürlich in einem meterdicken Safe, vermutlich in der Bank von England.

Mamo Acar will nicht, dass herauskommt, was hineinkommt in sein Produkt. Sein Lieblingssatz: „Das ist geheim." Noch wirtschaftet er in einem unscheinbaren Imbiss. Bald soll es ein riesiges Grillhaus sein

FISCH-DÖNER

Acars Original Fisch-Döner gibt es nur in Berlin-Spandau, Falkenseer Chaussee 276, Tel.: 030/371 33 56

Weil Acar keine Auskunft zum Rezept gibt, haben wir für unsere Leser eine Alternative zusammengestellt. Man nehme:

1 nicht zu große Portion Seelachsfilet (sie muss in das Brotstück passen)
1 Viertel rundes Weißbrot vom türkischen Bäcker

Für die Marinade:
⅛ Liter trockener Weißwein
1 Esslöffel Senf
1 fein gehackte Knoblauchzehe
1 Messerspitze Cayenne
3 Esslöffel gemischte frische Kräuter (nach Belieben: Dill, Petersilie, Kerbel, Estragon, Thymian)
5 Gramm Salz

Zutaten vermengen und den Seelachs darin drei Stunden baden, gelegentlich wenden. Den Fisch anschließend trocken tupfen, in Mehl wenden und je nach Dicke 50 bis 90 Sekunden auf jeder Seite in Sonnenblumenöl braten.

Für die Sauce:
1 Esslöffel Mayonnaise
1 Esslöffel Crème fraîche
5 Esslöffel Sahne
1 Viertel rote Paprikaschote, püriert
½ Teelöffel Paprikapulver edelsüß
1 Teelöffel Zitronensaft
1 Esslöffel Tomatenmark
Zutaten mischen und mit Salz, etwas Zucker und, wer will, auch mit Tabasco abschmecken.

Fisch ins aufgeschnittene und erwärmte Brot setzen, Sauce drauf und mit einem Salat aus Schluppen, Rettich, Dill, Ruccola und Römer servieren.

TERMINE

BREMERHAVEN
„Leuchtturmfest" am Deutschen Schifffahrtsmuseum, 1.–4. 6.
„Basar Maritim" am Alten und Neuen Hafen, 25.–29. 7.
„Aufbruch in die Fremde", Ausstellung über Auswanderer, bis 1. 10., täglich 10–18 Uhr, Außenstelle An der Deichpromenade des Historischen Museums

HAMBURG
„Werften – Menschen – Schiffe. Im Hamburger Hafen 1957", Fotografien von Herbert Dombrowski, bis 5. 8., Di–So 10–18 Uhr, Altonaer Museum.
„Vom Entern und Kentern", Piratenausstellung, bis 5. 9., Museum für Hamburgische Geschichte.
„Vom Sandtorkai nach Altenwerder. 150 Jahre Hamburger Hafen", bis 4.11., Di–So 10–17 Uhr, Speicherstadtmuseum.
„Rickmer Rickmers – Mit den Augen eines Besuchers", erweiterte Ausstellung, bis 1. 9., täglich 10–18 Uhr, Rickmer Rickmers, Landungsbrücken

ROSTOCK/WARNEMÜNDE
„Mecklenburgische Auswanderung nach Übersee", 1. 6.–30. 8., Di–So 9–17 Uhr, Schifffahrtsmuseum.
„Vom Breitling in die Lüfte. Warnemünde, Wiege des deutschen Seeflugwesens", bis 29. 7., Di–So 9–17 Uhr, Traditionsschiff Liegeplatz Schmarl.
„64. Warnemünder Woche", 7. 7.–15. 7.

FLENSBURG
„5. Dampf-Rundum", 13.–16. 7.

HEILIGENHAFEN
„In Nordischen Gewässern. Schiffsporträts und Hafenansichten" von Theodor Norling, 1. 7.–16. 9., Di–Fr 15–17 Uhr, Heimatmuseum

KAPPELN
„Claus Vahle: Uferzonen", bis 30. 6.,
„Seenotrettung im Wandel der Zeit", Ausstellung der Deutschen Gesellschaft zur Rettung Schiffbrüchiger, 1. 7.–25. 8., Mi, Fr, Sa 14–17 Uhr, Schleimuseum

MELDORF
„Walter Kunau: Sylt gesehen und erinnert", bis 1. 7., Di–Fr 10–16.30 Uhr, Sa, So 11–16 Uhr, Landwirtschaftsmuseum

ZINNOWITZ
„Vineta Festspiele", 30. 6.–1. 9.

TETENBÜLL
„Fischer sien Fründ. Zur Geschichte des Fischerpullovers rund um die Nordsee", bis 17. 6., Di–So 14–18 Uhr, Haus Peters

CISMAR
„Inselmenschen – Island People. Fotografien von Ulrich Mack", Teil I bis 8. 7., Teil II 15. 7.–9. 9., Di–So 10–17 Uhr, Kloster Cismar

STRALSUND
„Natureum und Nautineum, die Außenstellen des Deutschen Meeresmuseums", Vortrag von Rolf Reinicke, 7. 6., 19 Uhr.
„4. Sundische Tage/52. Segelwoche", 7. 6.–10. 6.
„37. Sundschwimmen", 7. 7.
„Robben in der Ostsee", Vortrag von Klaus Harder, 12. 7., 19 Uhr, Deutsches Meeresmuseum

SASSNITZ
„8. Rügener Hafentage", 6. 7.–8. 7.

KIEL
„My Favourites. Fotografie aus den ersten Jahren der Zeitschrift **mare**", bis 30. 6., Sa/So 11–19 Uhr, zur Kieler Woche auch werktags, Tiessenkai 12, am Leuchtturm, Info: www.transmare-ev.de.
„Kieler Woche", 16.–24. 6.
„Seefahrt auf allen Meeren. Der Marinemaler Hans Peter Jürgens", 16. 6.–23. 9., täglich 10–18 Uhr, Stadt- und Schifffahrtsmuseum

OSTSEEBAD ZINGST
„9. Zingster Gastro-Meile", 8. 7.–10. 7.
„Zingster Hafenfest", 13. 7.–15. 7.

LÜBECK/TRAVEMÜNDE
„600 Jahre Schiffergesellschaft", Ausstellung, 8. 7.–9. 9., Di–So 10–17 Uhr, St.-Annen-Museum.
„German Grand Prix of the World Offshore Championship", Powerboot-Rennen, 29. 6.–1. 7.
„112. Travemünder Woche", 20.–29. 7.

WESTERLAND/SYLT
„Supersail der Hobie Cats", Regatta der Strandkatamarane, 1. 6.–4. 6.

BÜSUM
Museum am Meer, Eröffnung am 16. 6.

KELLENHUSEN
„Seebrückenfest", 28. 7./29. 7.

RALSWIEK/RÜGEN
„Hamburg – Hanse – Henker", Störtebeker Festspiele, 23. 6.–1. 9., Infos: www.stoertebeker.de

HELGOLAND
„Nordseewoche", 2.–6. 6.
„Helgoländer Knieperwochenende", 15.–17. 6.
„Ruderregatta", 7. 7.
„Tag des Seebäderdienstes und Inselfest", 12. 7.
„Singen – Atmen – Seeluft", Singakademie-Woche. Chorprojekt „Seebadrevue", 29. 7.–5. 8.
„Kiteboarding World Cup", 18.–24. 6.
„175 Jahre Seebad", Budenzauber auf der Landungsbrücke, 29. 7.–1. 7.
„Festumzug 175 Jahre Seebad", 30. 6.

BARTH
„Barther Tonnenfest", 23. 6.
„8. Barther Segel- und Hafentage", 27. 7.–5. 8.

GOLDBERG
„Strandfest", 7. 7.

OSTSEEBAD BOLTENHAGEN
„Strandfest", 14. 7.

OSTSEEBAD BINZ
„8. Binzer Seebrückenfest", 16. 7./17. 7.
„Binzer Sommerfest", 28. 7./29. 7.

GÖHREN
„Göhrener Strandfest", 27. 7./28. 7.

LAUTERBACH/RÜGEN
„Hafenfest", 28. 7./29. 7.

WISMAR
„10. Wismarer Hafenfest", 8. 6.–10. 6.

NORDERNEY
„Segelregatta", 28. 7.

GRÖMITZ
„Grömitzer Woche", 13. 7.–22. 7.

NEUHARLINGERSIEL
„Regatta der Krabbenkutter", 7. 7.

GLÜCKSTADT
„Matjeswochen", 14. 6.–17. 6.

WILHELMSHAVEN
„Kreuzer und Hilfskreuzer im Handelskrieg", bis 31. 12., täglich 10–19 Uhr, Marine Museum.
„Wochenende an der Jade", 29. 6.–1. 7.

BAABE
„5. Baaber Reusenfest", 2. 6.–4. 6.
„10. Baaber Mitsommerfest", 23. 6./24. 6.
„Baaber Sommerfest", 21. 7./22. 7.

CUXHAVEN
„Duhner Wattrennen", 15. 7.
„Cuxhavener Seewettfahrt", 16. 6.

GREIFSWALD
„Fischerfest/Gaffelrig", 13. 7.–15. 7.

AMBLE BY THE SEA/GB
„Amble Sea Fair Festival", 7. 7./8. 7.

PORTSOY, BANFF/GB
„Scottish Traditional Boat Festival", 7. 7.–8. 7.

SCHEVENINGEN/NL
„Vlaggetjes-Tag", Fischerfest, 2. 6.

TEXEL/NL
„Rondje Texel", Katamaranregatta rund um die Watteninsel Texel, 23. 6.

FRIESLAND/NL
„Skutjesilen Friesland", elf Wettfahrten traditioneller Segelschiffe an zehn verschiedenen Orten in Friesland, 21. 7.–4. 8.

ROTTERDAM/NL
„Alle Haie – Comic-Helden zur See", Comic-Ausstellung, bis 16. 9., Di–Sa 10–17 Uhr, So 11–17 Uhr, Maritiem Museum

KARLSHAMN/S
„Karlshamn Baltic Festival", Ostseefestival mit Musik und kulturellen Beiträgen, 18.–21. 7.

HÖRVIK/S
„Tag des Aals", 28. 7.
„Tag des Schärendampfers", Parade historischer Dampfboote vom Strömkajen in Stockholm zur Insel Vaxholm und zurück, 6. 6.

VERANSTALTUNGSHINWEISE an:
mare-Dokumentation
Am Sandtorkai 1
20457 Hamburg
Fax: 040/369 859 90
E-Mail: Rittendorf@mare.de
Redaktionsschluss für die nächste Ausgabe: 5. 6. 2001

TV-TERMINE

PREMIERE WORLD/ DISCOVERY CHANNEL
„Das Gold der Niagara – Schatzsuche am Meeresgrund", 1. 6., 20.30 Uhr
„Tauchfahrt zurück. Vorstoß zur Galeere der Götter", 2. 6., 10.30 Uhr
„Gewinner und Verlierer – Fischadler und Wale", 2. 6., 12.30 Uhr
„Killer im Mittelmeer", 2. 6., 13.30 Uhr
„Leben in den Meeren", 2. 6., 14.30 Uhr
„Rifftaucher. Schiffswracks im Roten Meer", 3. 6., 1.30 Uhr
„Eisige Welten", 4. 6., 17 Uhr
„Haie, Tiger der Meere", 5. 6., 21.30 Uhr
„Haiforscher", 5. 6., 21.05 Uhr
„Cousteau. Andaman – Die unsichtbaren Inseln", 6. 6., 23.30 Uhr
„Alles über Delfine", 7. 6., 19.30 Uhr
„Das Spiel der Gezeiten", 8. 6., 17 Uhr
„Rifftaucher. Weiße Haie vor Südafrika", 10. 6., 17.30 Uhr
„Haiforscher – Ein tödliches Spiel", 12. 6., 21.05 Uhr
„Gefahr in blau – Haie Nordamerikas", „Haie vor Baja California", 6./7. 7., jeweils 21.30 Uhr

PREMIERE
„Deep Blue Sea", 8. 6., 14.55 Uhr

SEASONS
„Angelabenteuer in Madagaskar", 1. 6., 20.15 Uhr
„Zackenbarsche im Mittelmeer", 1. 6., 23 Uhr

mareTV

Schwerpunktthema: „Seepferdchen – Liebhaber, Wunderheiler, Wirtschaftsfaktor".
Außerdem:
– Die etwas größeren Pferde bei der Ernte von „Irish Moss" in Kanada
– Der Untergang des Superfrachters „München"
– Ein Überraschungsgast präsentiert seinen/ihren „Traum vom Meer"
Erstausstrahlung: 7. 6., 20.15 Uhr
Wiederholung: 10. 6., 13.30 Uhr
Wiederholung des 1. Pilotfilms: 5. 7., 20.15 Uhr

N3
„Technische Denkmäler. Der Leuchtturm Roter Sand, Außenweser", 1. 6., 6.30 Uhr
„Solange sie noch fahren... Die letzten Arbeitssegler" (3), 1. 6., 20.15 Uhr
„20 000 Meilen unter dem Meer" (Teil 1), 3. 6., 14.15 Uhr
„Ostsee-Report spezial", 3. 6., 19.15 Uhr
„Delfine hautnah", 4. 6., 11.45 Uhr
„20 000 Meilen unter dem Meer" (Teil 2), 4. 6., 14.30 Uhr
„Solange sie noch fahren... Die letzten Arbeitssegler" (1), 5. 6., 15.15 Uhr
„Kreuz und quer durchs Mittelmeer" (1), Schuhbecks Mallorca, 7. 6., 13 Uhr
mare-tv: 7. 6., 20.15 Uhr
„Das Boot" (1), 7. 6., 21 Uhr
„Der fröhliche Norden. Emder Matjestage", 9. 6., 20.15 Uhr
mare-tv: 10. 6., 13.30 Uhr
„Ostsee-Report", 10. 6., 18.30 Uhr
„Die blaue Revolution. Perspektiven einer Fischwirtschaft der Zukunft", 12. 6., 22.15 Uhr
„Die Halligen", 14. 6., 12 Uhr
„Kreuz und quer durchs Mittelmeer" (2), Schuhbecks Kreta, 14. 6., 13 Uhr
„Das Boot" (2), 14. 6., 21 Uhr
„Melodie der Meere. Mit Wilhelm Wieben", 17. 6., 20.15 Uhr
„Gorch Fock im Dock", 22. 6., 20.15 Uhr
„Kieler Woche", 24. 6., 20.15 Uhr
„Torpedo los!", Film, 26. 6., 23.30 Uhr
„Kreuz und quer durchs Mittelmeer" (4), Schuhbecks Korsika, 28. 6., 13 Uhr
„Mit dem Postboot zum Nordkap", 29. 6., 13.30 Uhr
mare-tv: 5. 7., 20.15 Uhr

LESERBRIEFE

Korrekter Ort
Betr.: No. 25, „Mittelmeer"
Leider fanden wir keine Beschreibung des Titelbildes – es ist die Terrasse der Villa Cimbrone in Ravello an der Amalfitanischen Küste in Italien.
Sibylle Blaser, per E-Mail

Unkorrekter Titel
Betr.: No. 24, „C3 ... Treffer ... versenkt"
Wir haben Elmar Schmähling, den Verfasser des Artikels, als Flottillenadmiral a. D. bezeichnet. Er ist aber nicht befugt, diesen Dienstgrad zu führen. (Red.)

Korrekter Gruß
Betr.: No. 24, „Die Kinder der Graf Spee" (der Kapitän grüßte 1939 bei einem Begräbnis nicht mit dem Hitlergruß)
Die Wehrmachtsangehörigen grüßten bis zum „Führerbefehl" vom 20. Juli 1944 („Attentat auf Hitler") durch Anlegen der rechten Hand an die Dienstmütze oder den Helm. Danach hatten alle Angehörigen der Wehrmacht den so genannten Hitlergruß auszuführen.
Hein Carstens, Langen

Korrekte Darstellung
Betr.: No. 25, „Entwicklungshilfe für das Nordufer"
Ihre Recherchen haben Sie zu einer korrekten Sicht der Dinge geführt, der ich weite Verbreitung wünsche.
Prof. Dr. Fuat Sezgin, Institut für Geschichte der arabisch-islamischen Wissenschaften, Frankfurt am Main

Wir freuen uns über Ihre Leserbriefe. Die Redaktion muss sich Kürzungen vorbehalten. Bitte senden Sie Ihre Zuschriften an:
mare – Leserbriefe –
Am Sandtorkai 1, 20457 Hamburg
E-Mail: mare@mare.de
Fax: (040) 369 859 90

25°04' Süd, 130°06' West

Von Ulli Kulke

In einem Holzschuppen am Landeplatz einer kleinen Felseninsel mitten im Pazifik hängt ein Schild: „Wer Teile der ‚Bounty' entfernt oder dies versucht oder anderen Personen dabei hilft, Teile zu entfernen und von Pitcairn wegzuschaffen, wird mit einer Geldbuße bis zu 150 Dollar bestraft." 50 Meter vor der Landebucht jener Insel, zehn Meter unter dem Meeresspiegel, liegen seit 1790 die Überreste des berühmten Meutererschiffes. Viele wissen nicht, dass es die „Bounty" tatsächlich gab. Die 40 Bewohner Pitcairns – überwiegend direkte Nachfahren der Meuterer – sind der lebende Beweis. Pitcairn ist trotz aller Zivilisation besonders abgelegen: 25°04' Süd, 130°06' West. Alle drei Monate kommt das Versorgungsschiff. Es muss meilenweit vor der Insel ankern, denn es gibt weder Hafen noch Flughafen. Wer ankommen oder wegfahren will, muss Wochen auf dem Ozean verbringen. In Pitcairns „Hauptstadt" Adamstown erscheint eine Monatszeitung: der „Pitcairn Miscellany". mare veröffentlicht regelmäßig Nachrichten daraus (zwangsläufig mit Abstrichen an der Aktualität) und was sich sonst herumspricht auf der einsamsten Insel der Welt. *Folge 26*

◆ Regelmäßig einmal im Jahr kommen die **Buckelwale** auf ihrem Zug durch den Pazifik vor die Kliffs von Pitcairn und machen erstmal ein paar Tage Pause, um ihre Tauchkunststücke vorzuführen. Die **beste Aussicht** auf die wilden Tänze war auch diesmal wieder **von der Schulwiese**. Doch die Kinder durften nicht alles mit ansehen – tanzten doch die Wale in diesem Jahr merkwürdigerweise bevorzugt zur Nachtzeit durch die mondbeschienene Dünung.

◆ Dafür stand ein anderes „Vergnügen" auf dem Stundenplan. Das **Zuckerrohr** war reif, und die **Melasseproduktion** konnte besichtigt werden. Das Rohr wird in der Mühle zerquetscht und die Flüssigkeit anschließend in einem Riesenbottich aufgekocht. Erst wollte und wollte das Feuer unter dem Topf nicht brennen, dafür konnten die Kinder anschließend **vor lauter Rauch gar nichts mehr sehen**. Kein Grund, die Mühle zu verlassen, schließlich zählt der Cocktail aus Melasse und Pfeilwurzelsaft zu den „favourites" der Inseljugend. Für die Lehrerin, eine Neuseeländerin, war der Stoff dagegen ziemlich gewöhnungsbedürftig: „Nicht schlecht", schrieb sie im „Miscellany", „aber man musste die ganze Zeit das **Gefühl** unterdrücken, man nehme **etwas ganz anderes, Unappetitliches** zu sich." Pitcairner essen das Ganze vor allem als Füllung ihrer Pfannkuchen.

◆ Dieses und andere **Rezepte aus Pitcairn** sind nachzulesen in „**Irma's Cookbook**", das vor wenigen Wochen erschien (das zweite Buch mit Pitcairns Spezialitäten, nachdem vor Jahren bereits Meralda Warren ihr „**Taste of Pitcairn**" veröffentlicht hatte). Irma konnte nun die geballte Erfahrung ihrer 73 Jahre in die Küchenwaagschale werfen.

◆ Klar, dass **auf den Herden der Insel** vor allem Produkte **aus den eigenen Gärten verbraten und gekocht** werden. In letzter Zeit allerdings bauen die Pitcairner außer für den Eigenbedarf zunehmend auch für den **Export** an. Vor allem getrocknete Ananas und Bananen sowie Honig und Kokosprodukte werden auf vorüberfahrenden Schiffen verkauft oder auf Anfrage auch ins Ausland versandt. Ihren **ersten Geburtstag** feierte jetzt die Vertriebsgenossenschaft „**Pitcairn Island Producers' Cooperative**" (Pipco), die die Vermarktung organisieren soll. Wie so vieles andere ist auch dieses für die Insulaner Grund genug, demnächst eine **Sonderbriefmarke** herauszubringen. Natürlich nicht zuletzt deshalb, weil die Pitcairner auch damit **Geld verdienen** – was sie in letzter Zeit umso dringender benötigen, als die Zuschüsse aus dem Mutterland Großbritannien immer geringer werden.

◆ Sieger im **Wettfischen** vom Boot aus war diesmal das Team Dave und Pawl; sie hatten den dicksten Fang. Doch ihr Erfolg stand ganz **im Schatten des Tiers**, das bei **Len Brown** an der Leine hing: eine fast **mannsgroße Dorade**. Zum Beweis für die Außenwelt veröffentlichte der „Miscellany" ein Foto von Len mit Fisch.

◆ Nach wie vor die **einfachste und billigste Nachrichtenverbindung** mit Pitcairn ist übrigens der **Kurzwellenfunk**. Für alle, die über eine Anlage verfügen: Über die Regierungsfunkstelle darf natürlich nur Amtliches laufen. Aber Tom Christian, der gerade pensionierte Chef der Station, sowie seine Nachfolgerin und Ehefrau Betty unterhalten (wie mehrere Pitcairner) auch eine **private „Hamradio"-Anlage** zu Hause. Jeden Dienstag um 23.30 Uhr Weltzeit ist Tom (Rufname: „VP6TC") auf 21348 oder 14181 Kilohertz zu sprechen, Betty mittwochs („VP6YL") um 17.00 Uhr Weltzeit auf 21325 oder auch 21348 kHz.

Schwerpunkt · KINDER

mare-Schwerpunkt No. 26

Kinder

Schule auf Stelzen: Leben und Lernen im Slum von Manila 44

Generation PC: Wer träumt denn heute noch vom Meer? 64

Spielzeug selbst gemacht: Schiffe aus Papier 66

Vaterlose Gesellen: Kapitänskinder müssen warten können 68

Spielplatz im Eis: Wie Chile die Antarktis besiedelt 72

Pubertät zur See: Freuden und Nöte eines Seekadetten 74

Streichelzoo: Nachwuchs bei Eisbär, Robbe und Pinguin 78

Lehrplan für Jungwale: Gesang wird gelernt, nicht geerbt 86

Wie in der Wiege: Segler schaukeln gern 89

Kinderteller: Am liebsten Fischstäbchen mit Ketchup 90

Zum Vorlesen: Pippi Langstrumpf büxt aus 92

Babyschwimmen: Reich mir die Flosse 94

Kinder, Kinder: Hinterm Horizont ist aber Schluss! 100

Taufe auf Portugiesisch: Einmal im Atlantik tauchen 103

Kleiner Prinz: Ein Matrosenanzug macht was her 104

WARTEN AUF DIE SCHWARZEN WELLEN

Die Kinder von Pitong Gatang müssen Mut haben, wenn der Taifun zuschlägt. Denn die Armensiedlung am Rande von Manila steht auf Stelzen über dem Meer. Ein Tritt neben die brüchigen Planken kann den Tod bedeuten

Text: Thomas Worm
Fotos: Nicolas Cornet

Provisorisches Zuhause aus Sperrholz.
7000 Menschen leben auf einer Plattform,
die kaum größer ist als ein Fußballfeld

Die Wände der Kanuhäuser sind offen, damit sie den Stürmen weniger Angriffsfläche bieten. Eine schwache Wehr

47

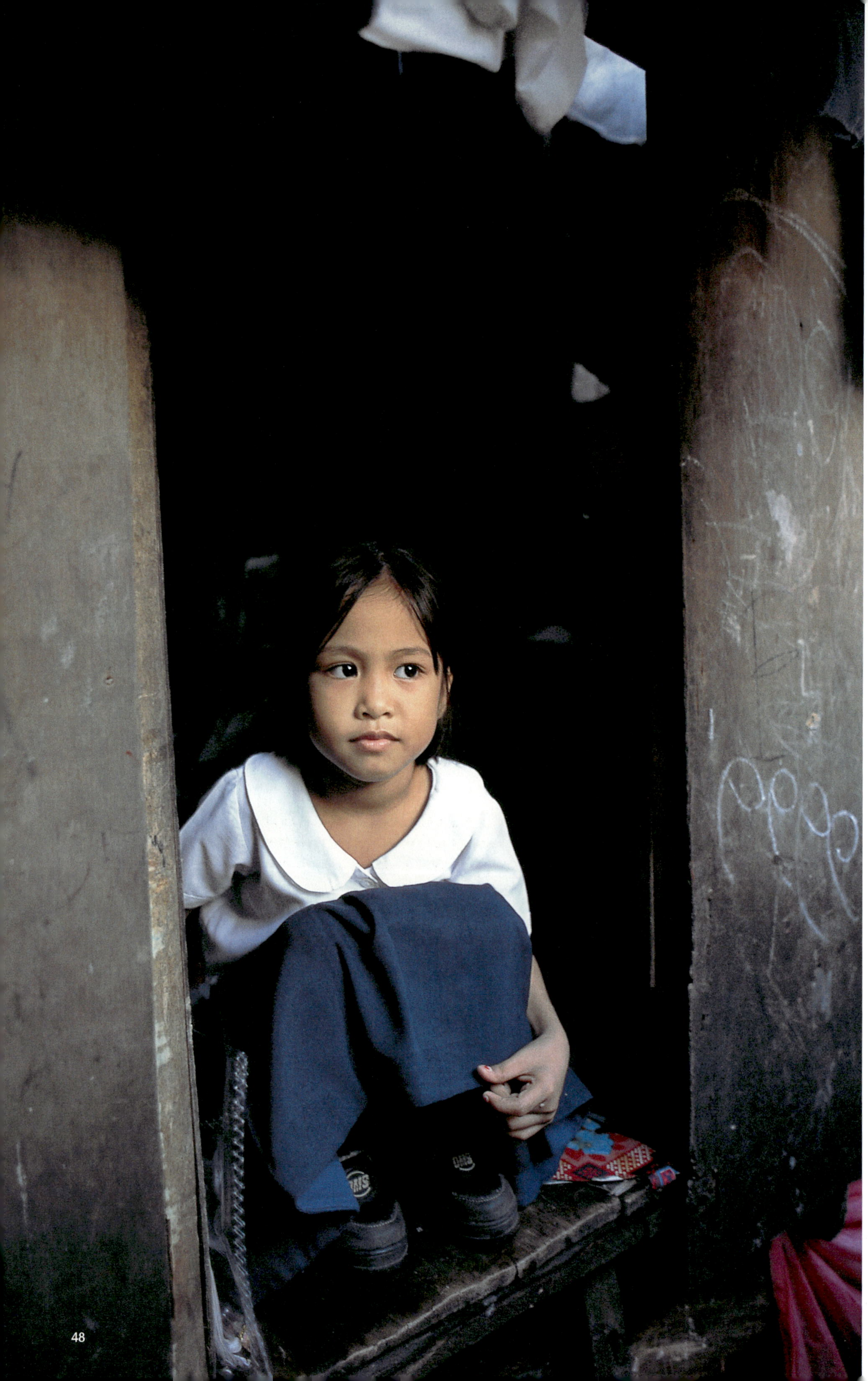

Schwerpunkt · KINDER

links: Nach dem Regen wartet Mary Rose am Hauseingang, bis die Stege halbwegs trocken sind. Erst dann darf sie zur Schule

rechts: Geborgenheit und Gefahr trennt nur eine Bretterwand. Während drinnen das eine Mädchen schläft, balanciert ein anderes draußen über den wackligen Bambusweg

Kein Sturmsignal

Selbst das Tageslicht scheint kaum durchzukommen, so eng ist das Labyrinth der Sperrholzgassen. Auch die Älteren im Stelzendorf Pitong Gatang gleiten katzenartig aneinander vorbei, passen auf, um sich ja keinen Raum zu stehlen. Mary Rose hat Glück. Würde es regnen, dürfte sie den Weg zur Vorschule gar nicht allein gehen – wenn überhaupt Unterricht wäre. „Zu glitschig auf den Brettersteigen", sagt die Sechsjährige in bestimmendem Tonfall, der ihr heiseres Stimmchen kontrastiert. Doch auch ohne Regen gilt: Immer den Blick nach unten richten, wenn man oben bleiben will. Um nicht ins Dunkle zu stürzen. Auf dem schummrigen Wasser schlingern Plastiktüten, als seien es Geister.

In den verschachtelten Lebenssphären, zwischen den Tunneln, Erkern und Gängen, sitzen die Gerüche aufeinander. Ölschwaden einer Bootswinde reiben sich am Dunst unverkaufter Makrelen. Dann wieder drückt die tangige Brise gegen den Bratenduft von Essighuhn. Der Gestank von Rattenurin attackiert Seifenduft, während der Ehemann einer Schwangeren auf dem Steg Wäsche schrubbt.

Seit vier Jahrzehnten ist Pitong Gatang ein Provisorium – Schicksal aller Armensiedlungen. Anfang der sechziger Jahre brachen Fischer mit ihren Frauen und Kindern von den südlichen Inseln Samar und Leyte zur Hauptstadt auf, um dort ein besseres Leben zu führen. In den Moloch Manila brachten sie ihr Gemeinwesen mit, das Barangay. Benannt nach dem Langboot, mit dem Malaien einst die Philippinen besiedelten, an Bord jeweils eine Großfamilie samt Oberhaupt. Ein gewählter Barangay-Captain steht auch heute noch an der Spitze der Dorfclans von Pitong Gatang.

Und noch immer kommen Siedler. Doch nicht in Booten, sondern in Bussen und überfüllten Fähren. Es sind auch keine Malaien, die Manila besiedeln, sondern Filipinos, eine viertel Million jedes Jahr. Darunter jene Küstenbewohner von Samar und Leyte, die ihren Verwandten nach Pitong Gatang folgen. Babys auf dem Arm und ihr Inselleben im Kopf, hoffen sie auf eine lichtere Zukunft. Wollen hinaus in die Bucht von Manila, fischen und grün schillernde Tahong-Muscheln sammeln. Pitong Gatang steht für Nahrung. Pitong Gatang bedeutet „Sieben Scheffel Reis". Pitong Gatang ist eine zusammengezimmerte Plattform für 7000 Hungrige, kaum größer als ein Fußballfeld.

Stockig riecht es, wenn „Mom" Susan, die Vorschullehrerin, morgens den einzigen Raum der Sacred Heart School aufschließt. Wasserflecken kriechen die Stützpfeiler hoch. Auf der beliebten Pritsche am Eingang lümmeln sich ein paar Vorschüler. „One, two, three, four, five ...", sie trumpfen auf mit ihrem Englisch. Drinnen stellt Mom Susan die Stühlchen in einen Kreis. Mom Susan – alle Kinder setzen vertrau-

THE FAMILY
Ang Mag-anak
MGA HANAPBUHAY
MAGAGANDANG KAUGALIAN
OUR POBLACION
Duck
Elephant

ensvoll „Mama" vor ihren Namen, auch Mary Rose. Neugierig späht sie mit den anderen durchs Klassenfenster.

Doch heute geht es nicht um das Wetter. Sonnig, bewölkt, windig: Die Bezeichnungen auf den Wandtafeln haben sich Mary Rose längst eingeprägt. Besonders das Wort „stürmisch". Doppelt so groß wie die anderen Felder, zeigt es finstere Taifunwolken.

Nein, heute erzählt Mom Susan vom Ozean im Bett. Ein Titel, der zum Dorf passt. Wer hinhört, vernimmt leises Schwappen unter den Spanplatten.

Aufmerksam lauschen Mary Rose und die anderen Kinder der Erzählung von Troy, der nachts träumt, er sei Kapitän. Doch wenn im Traum das Wasser über die Bordwand klatscht, wird es auch nass im Bett. Und das mögen Troys Geschwister gar nicht, die mit ihm darin schlafen. Ja, Troy pinkelt ein, er ist ein Bettnässer.

Die Geschichte wird zum Frage-und-Antwort-Spiel. Die Kinder versetzen sich in die Hauptfigur. So erfährt Mom Susan auf subtile Weise, wer oft einnässt, wer also zu den vernachlässigten Kindern gehört. Mary Rose schüttelt den Kopf – ins Bett machen, sie doch nicht! „Ich pinkle bei uns zu Haus immer durch die Planken", brüstet sich frech ihr Stuhlnachbar. Viele jedoch schweigen. Zumindest lernen alle am Ende im Chor eine Faustregel: Vor dem Einschlafen wenig trinken und rasch noch mal aufs Klo.

Aber es gibt keine Toiletten in Pitong Gatang. Das Meer ist das Klo. Gern juxen die Bewohner über „Flying Saucers", die „fliegenden Untertassen": Plastiktüten, Exkremente rein und, wusch, aus dem Fenster. Die Blödelei überspielt den peinlichen Geruch aus der Brühe, die sich träge am Ufer überschlägt.

Nach der Vorschule würde Mary Rose am liebsten auf das Barahan steigen. Das Kanuhaus auf der Meeresseite hat kein Dach und keine Wände, damit der Taifun nirgends angreifen kann. Doch das hohe Gestell des Barahan haben ihr die Eltern verboten. Sie darf nicht zu den Jungs, die sich an den Bambusstreben hinaufschwingen. Dabei mag Mary Rose den Moment, wenn sie aus der dämmrigen Enge auf das Barahan tritt. Mit einem Schlag leuchtet die Welt. An einem Tag wie heute glitzert die Bucht bis zum Horizont. Auch die Gesichter der heimgekehrten Fischer leuchten. Sie haben Zuckerrohrschnaps getrunken, „Devil & Angel". Bunten Vögeln gleich schweben ihre Boote mit den zwei Auslegern emporgezogen an den Seilen.

Weit draußen liegen die Muschelfelder. Aus dem funkelnden Wasser der Bucht ragen zahllose Pfähle, an denen die Tahong-Muscheln wachsen. Davon leben die meisten in Pitong Gatang. Ein kleiner Junge hält sein Flugzeug hoch und fliegt hinaus in die friedliche Abendsonne – der Rumpf ein Stück Styropor, die Flügel ein Paar Zahnstocher.

Sturmsignal 1
Windgeschwindigkeit bis 60 km/h binnen 36 Stunden

Tropfen knistern bedrohlich auf dem Wellblech. Von Osten nähert sich der Taifun „Bebinca". Die Sender geben Sturmwarnung: Stufe eins. Noch sind die Hammerschläge nicht verklungen, mit denen die Spuren des letzten Wirbelsturms beseitigt wurden. Marivics Pfahlhaus, ganz außen an der Südflanke, hat es erst vor wenigen Tagen erwischt. Nur einige Stelzen sind übrig. Ihr Mann und einige Nachbarn versuchen im Regen, das Haus durch Planen und Pappschilder zu ersetzen. „Als es krachte, schaffte ich zuerst die Kinder raus", sagt die triefende Mutter und schaut mit leeren Augen aufs Wasser. „Dabei ging unser Hausrat verloren."

Für Baumaterial wird der Familie noch Monate das Geld fehlen. So lange müssen sie sich durchschlagen, bei Verwandten unterschlüpfen. Sie gehören zu den Ärms-

---

links: Gespannte Stille, wenn die Lehrerin Geschichten erzählt. Saubere Uniformen, ein buntes Klassenzimmer – die Ahnung einer heilen Welt inmitten des Slums

rechts: Mittagspause vor dem Eingang zur Sacred Heart School. In der Enge des Stelzendorfes ist kein Platz zum Spielen und Toben

Schwerpunkt · KINDER

rechts: Das Leben an Land ist zu teuer. Für die Menschen von Pitong Gatang gibt es keinen Ausweg aus dem Labyrinth der Sperrholzgassen

ten, und die wohnen stets am gefährlichen Rand.

Denn dort, wo Wellen und Wind ungeschützt zuschlagen, sind die Mieten am niedrigsten – die Hälfte vom Üblichen. So ist die Logik. Allerdings kosten auch die teuersten Hütten im Stelzendorf nur halb so viel wie vergleichbare Behausungen an Land, rund 60 Mark im Monat. Dennoch, für die Fischer von Pitong Gatang ist auch das viel Geld. Bedenkt man, dass eine zehnköpfige Familie sogar mit Reiskuchenverkauf selten mehr als 120 Mark hat, bleibt für jeden am Tag nur das Nötigste.

Da müssen alle mit ran. Der achtjährige Rommel ist ein alter Hase. Seit drei Jahren schon balanciert er seine Fischteller wie ein Kellner über die regennassen Bretter. Die Shorts seines älteren Bruders schlackern ihm zwar um die Beine, aber dafür macht er sich gut als Verkäufer. „Fisch aus der Gemeinde", schreit er gegen die Schnulzen aus den Radios an. „Wollt Ihr frischen Fisch?" In den Nischen zocken einige Klassenkameraden: „Tex". Sie flippen durchgeweichte Comicbildchen in die Luft, und wessen Karte auf dem Boden das höchste Bild zeigt, darf alles einstreichen. Rommel streicht auch ein – beim Verkauf. Zehn Pesos Kommission, wenn es gut läuft, 40 Pfennig.

Ein Geschäft nicht ohne Risiko. Jenseits der Stege lauert ein profaner Tod. Deshalb laufen auch Mädchen wie Mary Rose unter ihren Pelerinen sonderbar breitbeinig. Ein flinkes Schlurfen, mit dessen Hilfe sie brüchige Stellen ertasten. „Meist passiert es im Dunkeln", erklärt Mom Susan und schiebt sich feuchte Strähnen aus dem Gesicht. „Die Kinder stürzen, schlagen auf und ertrinken oft. So was geschieht fast jeden Monat." Die nächste Woge schwemmt unter den Steg. Plötzlich ruckt der Teppich mit seinem Ornament aus Verpackungsmüll zur Seite. Kurzer Schwindel, als würde der Boden unter den Füßen weggezogen.

In der Vorschule bleibt es leer, das pausenlose Nieseln hält die Kinder fort. Vielleicht ist es die Stimmung vor der Sturmflut, jedenfalls erzählt Mom Susan Unheimliches; sie spricht erregt. Ihren Schreibtisch habe sie verschoben, weil sie an einer bestimmten Stelle im Raum die eisige Berührung eines Geistes im Rücken spürte, unverkennbar. Eine Schamanin habe ihr erklärt, dass es die verstorbene Carolina sei. „Sie ist vor langer Zeit von einer Gruppe Männer missbraucht worden", sagt Mom Susan, während sie die Arme über der Brust kreuzt und ihre Hände nach den frierenden Schultern tastet. „Nun irrt ihr Geist auf festgelegtem Weg durch Pitong Gatang."

Eine Art Geisterbahn, von den Leuten hier „Carolina Highway" genannt. Immer wieder beteuert die katholische Susan, sie glaube nur an Gott. Sie schämt sich für ihre animistischen Empfindungen. Wer aber draußen in die gräulichen Schauer blickt, hält vieles für möglich. Auf einer liebevoll angelegten Balustrade segnet ein klatschnasses Jesuspüppchen in Kinderunterwäsche den Hauseingang. Wo die Toten lebendig sind, sind die Lebenden dem Tod näher.

Sturmsignal 2
Windgeschwindigkeit bis 100 km/h binnen 24 Stunden

Die düster schäumende See verheißt wenig Gutes. Böen fahren scheppernd unters Wellblech, fegen jedes Lächeln aus den Gesichtern. Scheinbar stoische Ruhe verdeckt die Nervosität. Ein paar Kids hocken an einer Wand und verwetten ihr Taschengeld auf Spinnen, die sich gegenseitig von einem Bindfaden stoßen oder besser noch massakrieren sollen; Spiderfight ist derzeit hip. Überall laufen Fernseher. Anhand der Wetterkarte lässt sich verfolgen, wie Taifun „Bebinca" auf Manila zuhält. „Große Bäume können entwurzelt werden" – Sturmwarnung, Stufe zwei. Alle fürchten den Moment, wo die schmutzigen Brecher dem Stelzendorf das Fundament streitig machen. Warten auf die schwarzen Wellen.

Dabei ist das Leben unwägbar genug. Man braucht beim Rundgang nur einen Blick durch die Fensterläden zu werfen. Auch der Quack-Quack-Doktor, wie die Heiler mit umstrittener Reputation heißen, konnte Marc-Adrian nicht mehr helfen. Plötzlicher Kindstod, niemand weiß, warum. Von Kerzen beleuchtet lag nächtelang aufgebahrt Marc-Adrians winziger Leichnam auf einem Couchtisch, die Zipfelmütze tief ins Babygesicht gezogen. Drum herum sitzend nahmen die Angehörigen Abschied. Es dauerte Tage, bis ein „homemade coffin" für Marc-Adrian beschafft war, ein hausgemachter Sarg aus Restholz.

Neben Hautkrankheiten sind es vor allem Darminfekte, die den Fischerkindern zusetzen. Auch denen von Mom Susan: „Ich hatte vier Kinder, jetzt leben noch drei. Das vierte starb mit zehn Monaten an Durchfall." Unzählige Infektionswege gibt es. Der Ausläufer der Bucht ist eine flüssige Deponie, der Strand brütet unter kniehoch angeschwemmtem Plastik.

Allein das Trinkwasser ist ein Problem. Keimfreies Wasser aus den teuren Watershops im nahen Sipac-Viertel würde den Monatsverdienst einer Familie zunichte machen. Deshalb wird aus brüchigen Schläuchen gegen Gebühr sauberes Wasser von Hauseigentümern an Land bezogen, um es in Eimern und Fässern zu bunkern. Gefäße, in die schon jetzt aufgewühlte Schlammwogen spritzen.

Die Menschen auf der Plattform finden sich nicht ab mit dem frühen Tod ihrer Kinder. Vor allem nicht Frauen wie Eliza. Die

Fortsetzung S. 58

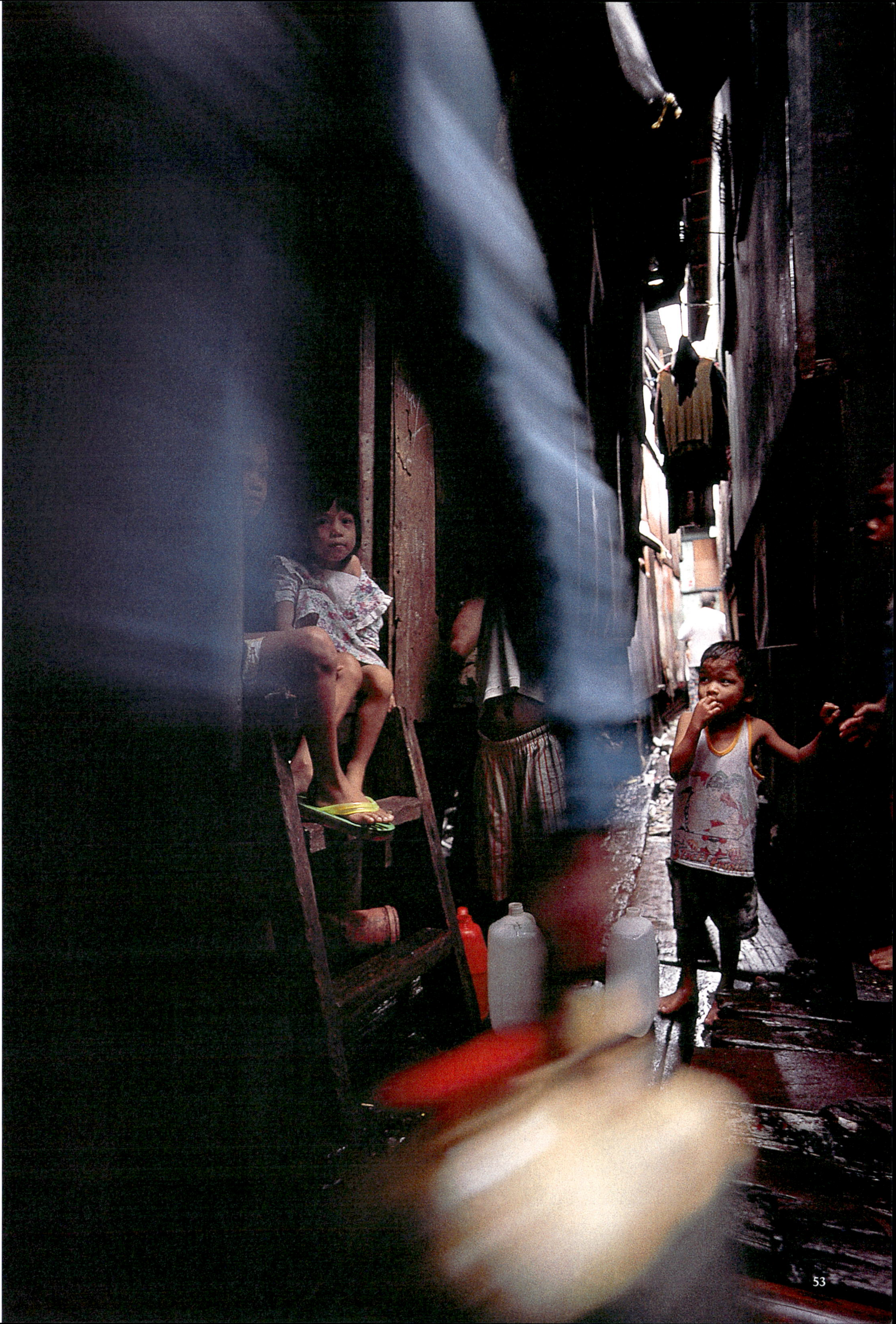

rechts: Im Sari-Sari, dem Mini-Laden, helfen die Kinder beim Verkauf. Die Einkünfte aus dem Fischfang reichen den meisten Familien nicht zum Leben

rechts unten: Beinahe jeder Weg hier ist ein Tunnel. Das Tageslicht findet in Pitong Gatang kaum ein Durchkommen

links unten: Die Hütten müssen sich gegenseitig stützen. Noch sind die letzten Sturmschäden nicht behoben, da wird der nächste Taifun gemeldet

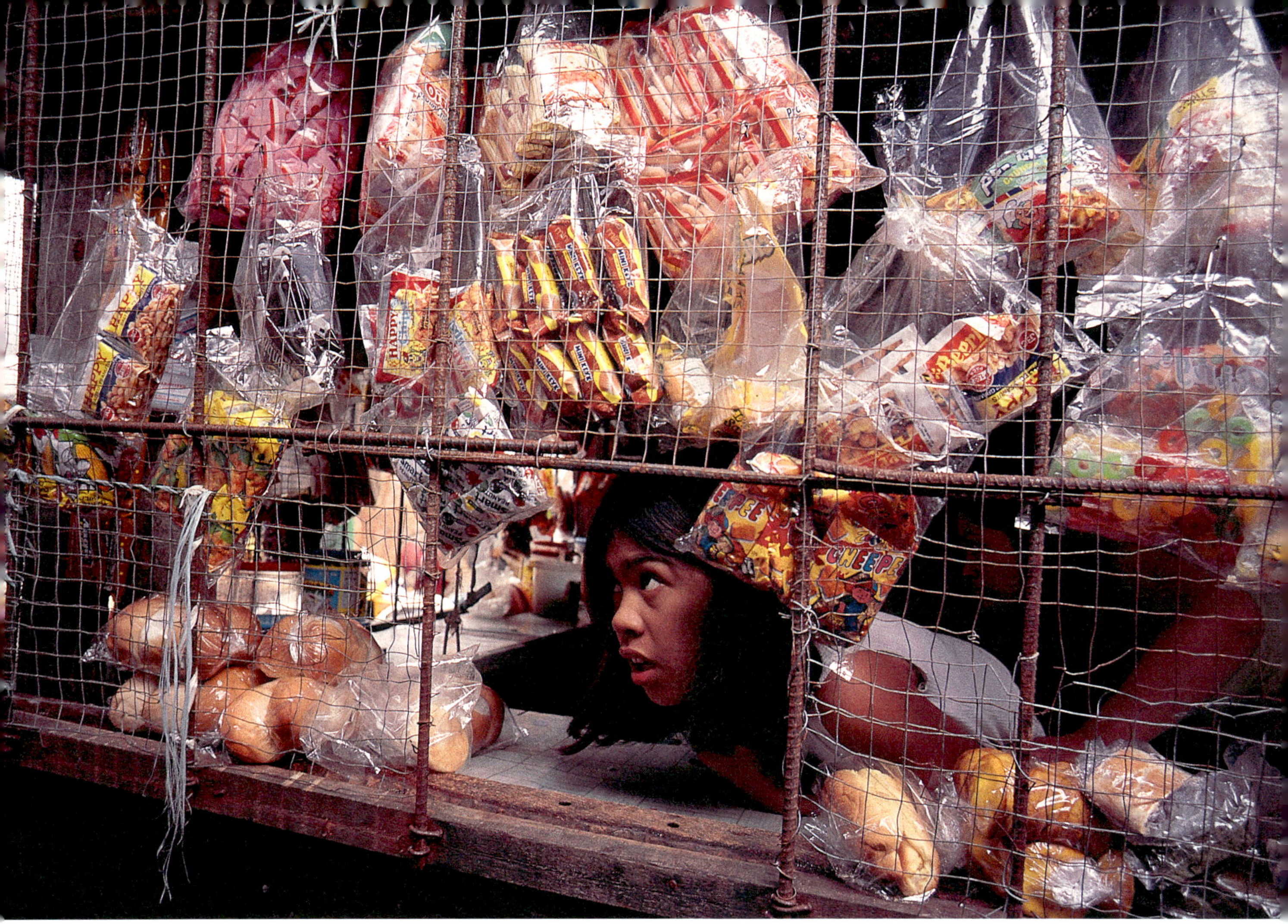

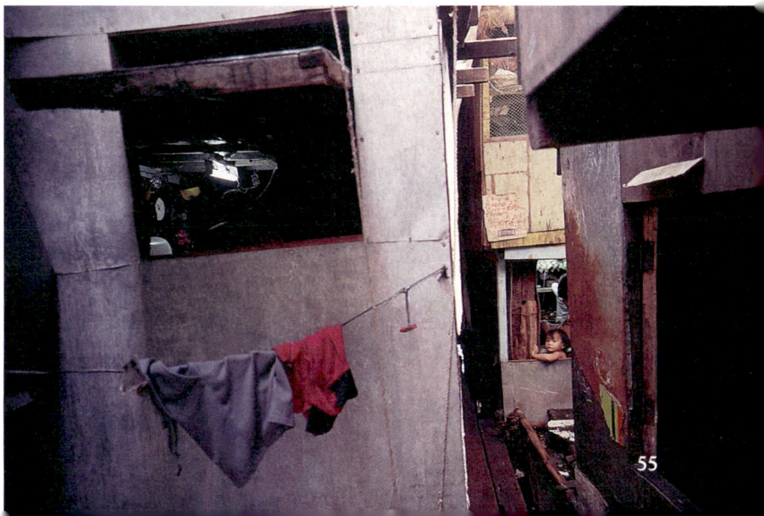

In dem Dorf über dem Meer ist jeder Winkel wertvoll. Vor den Hütten wird gekocht und gewaschen. An Seilen über den Stegen baumeln die wenigen Habseligkeiten

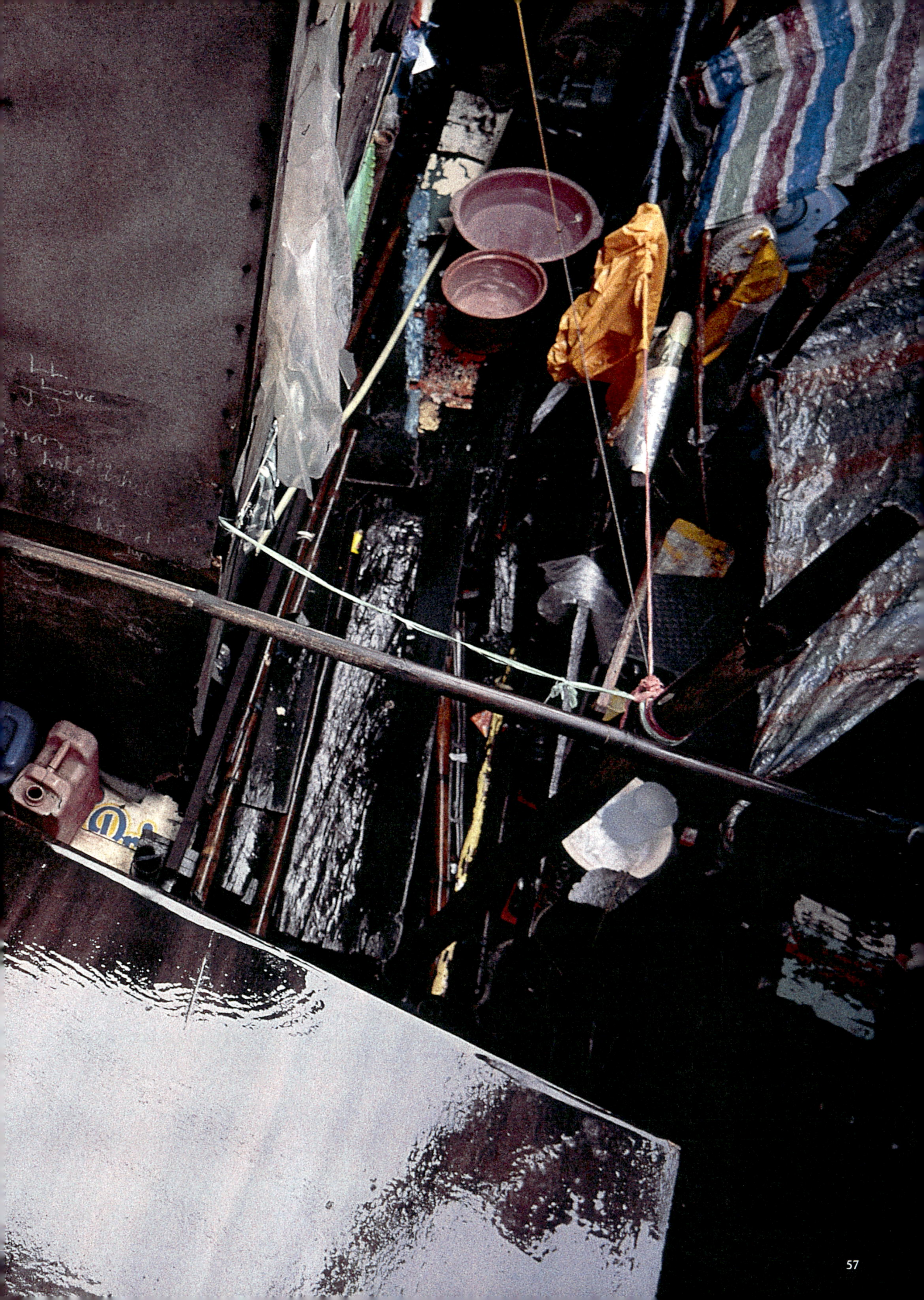

27-jährige Mutter hockt auf dem wasserfesten Linoleum ihrer Hütte, das einwöchige Baby im Arm, ein rotgesichtiges Bündel mit verschwitztem Haar. Draußen trommelt der Regen.

Fast ein Wunder: Eliza lächelt wieder. Vor wenigen Monaten war ihr Leben ein Scherbenhaufen. Die Ehe zerrüttet, ein Mann, der ihre Ersparnisse nahm. Dann bekam ihr sechs Jahre alter Sohn Michael eine Hepatitis. „Er konnte nicht mehr in die Vorschule, hing rum und bettelte mich ständig um Geld an", sagt Eliza. Ihr wuchs alles über den Kopf. Nicht einmal mehr für sich selbst sorgte die Schwangere, versäumte die medizinischen Checks.

Zum Glück stellte sie schließlich einen Antrag für das Familienprogramm von „Lingup". Diese Entwicklungsorganisation, in der Franzosen und Filipinos gemeinsam arbeiten, betreut Dutzende Familien in Pitong Gatang.

Die Regeln sind streng. Per Unterschrift verpflichten sich die Unterstützten, Abmachungen einzuhalten. Vier Monate lang berät eine lokale Familienhelferin bei der Empfängnisverhütung. Sie hilft beim Einrichten einer Haushaltskasse und wirkt darauf hin, dass Kinder, um die sich niemand kümmerte, wieder in die Schule gehen. In sechs von zehn Fällen ist diese soziale Krisenintervention erfolgreich. Und sie ist der Sprung ins begehrte Mikrokreditprogramm, der Vergabe von Kleinstdarlehen. Damit lässt sich ein privater Fischhandel aufbauen.

Eliza hat inzwischen ihre Ehe aufgelöst, sie lebt mit einem anderen Mann. „Michael geht in die Sacred Heart School, er kann jetzt seinen Namen schreiben", sagt Eliza. „Er macht sogar zu Hause sauber." Nach Geld fragt Michael nicht mehr. Geschickt übt das Lingup-Programm den Umgang mit der Kasse ein. Michael erhält zwei Pesos Taschengeld. Ein Peso wandert in die Sparbüchse, der andere ist für Pausenbiskuits gedacht. Das Ersparte ging kürzlich für Bastelpapier drauf: Seine selbst geklebte Fahne Indonesiens trug Michael auf der United-Nations-Parade in der Vorschule vor sich her.

Zähe Anläufe zu einem geregelten Dasein. Doch ist die Verzweiflung zuweilen groß und der Konsum von 80-prozentigem Rum noch größer. Unter den Männern kommt es zu Schießereien. „Die neun Millimeter der Smith & Wesson sind beliebt, aber auch das Kaliber .45 oder die .38er", sagt eine taffe Mittdreißigerin, die ihren Gemischtwarenhandel hinter der Sacred Heart School betreibt und heimlich Sprengstoff fürs Dynamitfischen verkauft. Viele Kinder wissen, wie man Zündschnüre präpariert.

Die Pistolen dienen vor allem zur Verteidigung der Muschelkulturen. Ständig wacht ein bewaffnetes Familienmitglied auf einem Hüttengestell darüber, dass nachts nicht Diebe die Muscheln von den Pfählen schneiden. Auch Mary Rose übernachtet manchmal mit den Eltern in der Bucht. Ihr Vater hat unten im Wasser ein Netz gespannt, damit Mary Rose Schwimmen lernen kann. „Das Bambusbett in der Hütte gefällt mir", erzählt die Kleine, während sie zu Hause auf einer umgedrehten Wanne stehend abwäscht. „Ich habe da mehr Appetit, und der Fisch schmeckt besser. Am liebsten esse ich Tahong-Muscheln."

Das empfiehlt sich nicht immer. Denn mehrmals im Jahr macht die „Rote Flut" alle Muscheln in der Bucht von Manila ungenießbar. Die Algenblüte ist selten auf Anhieb zu erkennen. Besteht der Verdacht, sich an den Toxinen der Algen zu vergiften und durch Lungenversagen zu sterben, verfüttern die Fischer ihre Muscheln an Katzen, um zu prüfen, ob sie verenden. Doch im Moment haben die Leute andere Sorgen. Das Stelzendorf erzittert, als schüttele es eine Riesenfaust. „Bebinca" naht.

Sturmsignal 3
Windgeschwindigkeit bis 185 km/h

Niemand in Pitong Gatang kann sagen, ob er nach dem Taifun nicht auch auf dem Nordfriedhof nebenan landen wird. Dort, wo auf gemauerten Stapelgräbern die Ob-

oben: Nach der Schule hilft Mary Rose zu Hause beim Aufräumen

links: Abschied vom kleinen Marc-Adrian. Starb er am verdreckten Trinkwasser, an verschimmelter Nahrung? Auch der „Quack-Quack-Doktor" weiß es nicht

rechts: Wohnzimmer im Pfahlhaus. Fernseher und Ventilator sind der einzige Luxus, den sich die Familien leisten

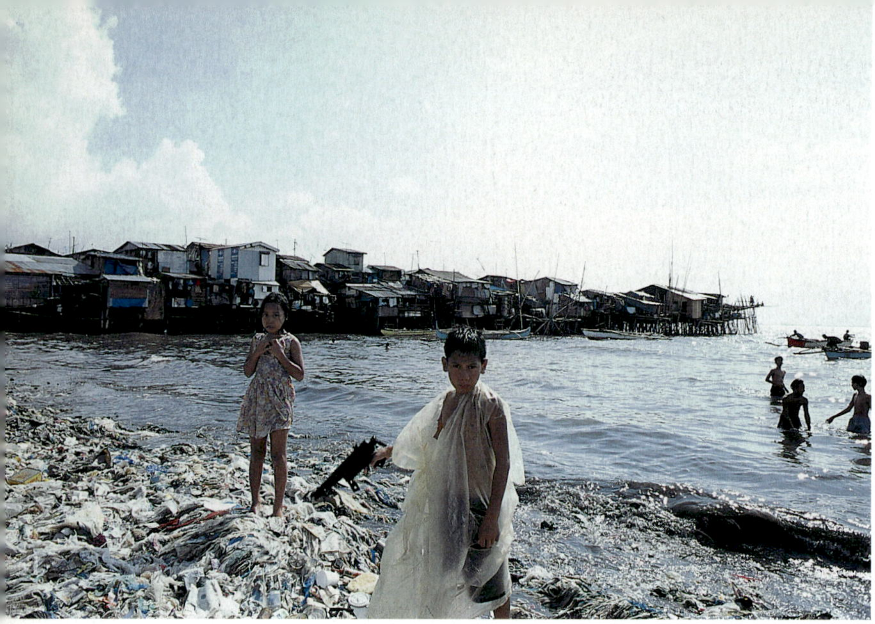

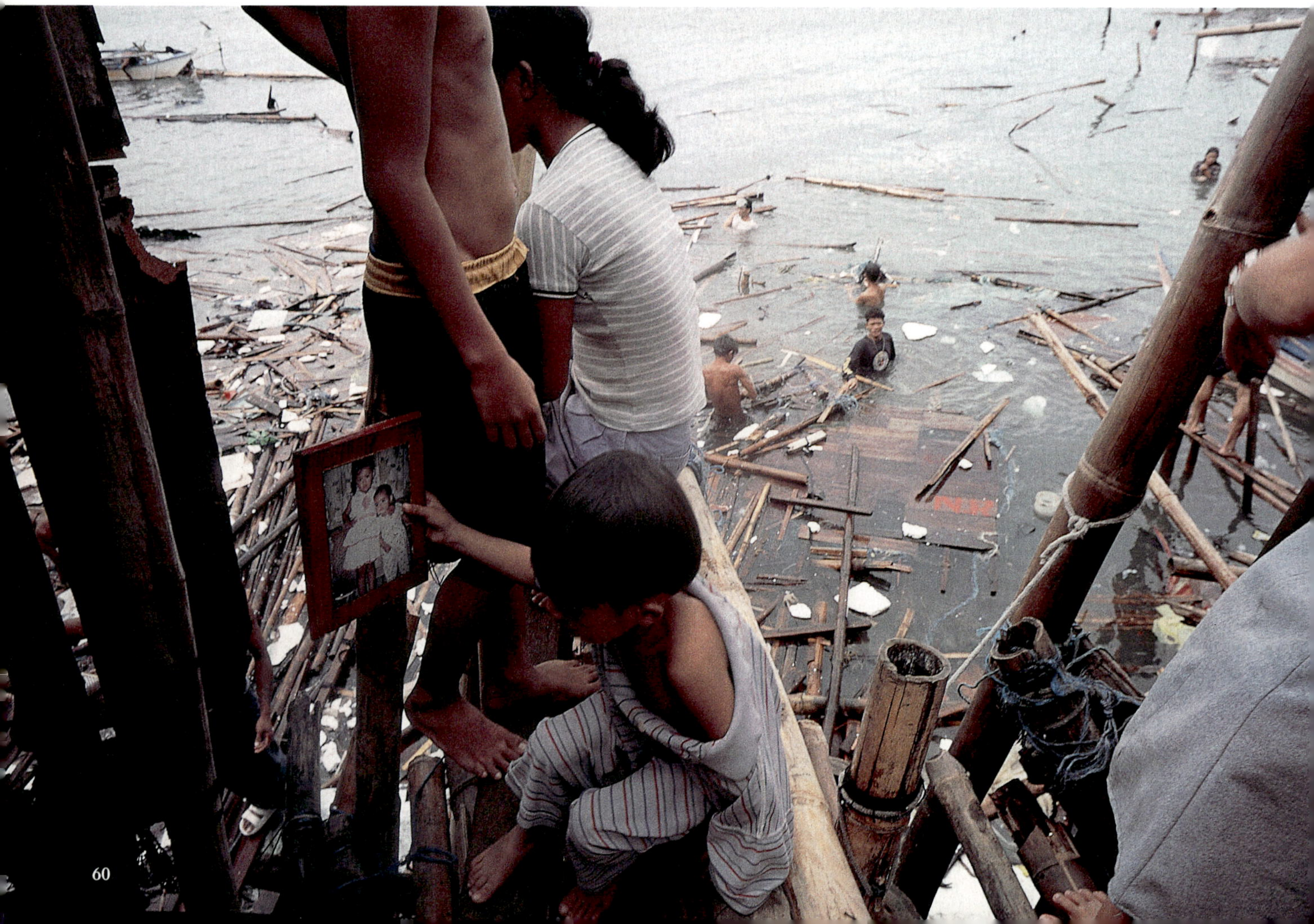

Schwerpunkt · KINDER

links oben: Am Müllstrand der Bucht von Manila spielen Kinder mit selbst gebastelten Waffen

rechts: Der stärkste Taifun seit Jahren hat die dicken Bambusstelzen wie Streichhölzer geknickt

links unten: Zwischen den Trümmern im seichten Wasser tasten die Kinder nach versunkenem Hausrat

dachlosen der letzten Stürme kampieren. Wo Sechsjährige bestattet liegen, die den Namen Adonis tragen, und wo ein Meer angeschwemmter Sandalen den Eindruck erweckt, als gehörten sie verschollenen Seelen.

„Bebinca" schlägt in der Nacht zu. Der stärkste Wirbelsturm in Manila seit einem halben Jahrzehnt. Die Welt wird Wasser, der Regen eine rasende Masse, die alle Rufe aufsaugt. Nur zwei Kategorien von Menschen existieren noch: solche, die in Betonhäusern ausharren, und der schutzlose Rest. Wie in Pitong Gatang.

Während des Taifuns ist alles Gegenwart. Momente angstvoller Starre.

Im Nachhinein werden bei den Kindern die Stunden wieder lebendig. „Ich lag neben meiner älteren Schwester Kaka, mein kleiner Bruder hat eingemacht. Ich fühlte das Haus schwingen, und der Wind heulte", sagt Mary Rose rau. „Kaka alberte rum – jojojo!" Mit verstellter Stimme ahmt sie ihre Schwester nach. „Aber dann hat auch Kaka eingemacht. Ich habe meinen Namen geschrieben. Ich hatte keine Angst." Ihre verstörten Augen erzählen eine andere Geschichte, sie guckt weg und dreht an ihrem Hemd: „Ich hörte die Schweine der Nachbarn schreien."

Auch ihr Mitschüler Michael, ein paar Häuser weiter, hörte das Kreischen der Schweine – sie ertrinken in dieser Nacht. Auch Michael griff zum Stift, „malte", wie er sagt, seinen Namen. In den zittrigen Buchstaben hat sich „Bebinca" verewigt. Beim Erzählen der gleiche Blick wie bei Mary Rose, der Halt im Raum sucht und sich schließlich auf den Fußboden richtet.

Die Gefahr darunter hat für Mary Rose eine konkrete Gestalt. „Unter der Plattform haust ein Asuang-Geist", sagt sie und nickt überzeugt. „Der Asuang hat Hörner, mit denen er sehen kann. Und er frisst die Menschen."

Kein Sturmsignal

Meterweise hängen Plastikplanen zum Trocknen auf Leinen. In der Morgensonne glänzen sie, als wären sie Silber. Für diese Jahreszeit ist das Wetter wieder normal, der Himmel wolkenlos. Hinter den Hafenkränen im Smog: die Wolkenkratzer von Downtown, vage, wie Geflüster aus der Zukunft.

Rund um Pitong Gatang treiben die Trümmer. Dazwischen spielen Jungs auf zerborstenen Dämmplatten. Der Taifun hat jede Menge Tahong-Pfähle angeschwemmt. Halbnackte Fischer kratzen in der Hitze die Muscheln vom Bambus, Ersatzmaterial für ihre fortgewehten Hütten. Niemand weiß genau, wie viele es sind – 30, 50 oder mehr? In der Sturmnacht mussten 400 Familien aus dem Stelzendorf evakuiert werden in gemauerte Schulen und Kirchen an Land. Verletzte, Vermisste? Der Überblick fehlt. In Manila jedenfalls hat „Bebinca" über eine halbe Million Menschen zu Obdachlosen gemacht, Dutzende von Toten meldet der Fernsehsprecher.

Das Barahan für die Kanus an der Nordseite ist nur noch ein sinnloser Haufen. „Die aufgehängten Boote begannen im Taifun zu schwingen, dann brachen die

Schwerpunkt · KINDER

rechts: Nach dem Taifun zurück in der Vorschule. Eine Freundin tuschelt mit Mary Rose. Die Normalität kehrt zurück

Streben", sagt Fischer Conrado, der mit verschmierten Händen das Salzwasser aus seinem voll gelaufenen Außenborder entfernt. „Super-Bagyo, ein heftiger Sturm. Die Leute dachten, das Barahan könnte 180 Stundenkilometer Windstärke verkraften. Irrtum, wie man sieht." Conrado lacht vor sich hin. Wenn der Motor nicht wieder läuft, braucht er für 25 000 Pesos einen anderen. Der Lohn von acht Monaten Arbeit wegen ein paar stürmischer Stunden.

Auf dem Hahnenkampfplatz am Nordufer drückt sich schon wieder eine Gruppe rotäugiger Männer rum. Flaschen kreisen. Einer der Wettenden presst den Kopf seines Hahns gegen das Hinterteil des zerrupften Gegners, um ihn aufzustacheln. Kinder gucken zu. Ein etwa zehnjähriges Dickerchen mit Igelfrisur und Basketballshirt hat lässig einen Arm in die Hüfte gestemmt, immer wieder ausspuckend. Erwachsenenpose.

Unterdessen stehen seine Freunde bis zur Brust im Uferwasser. Schritt um Schritt arbeiten sich die Jungen voran, tasten mit den Zehen im Schlick nach versunkenem Besteck. Sie besitzen nichts mehr. Doch sobald ihr Fuß einen Löffel krallt, der vor dem Taifun noch dem Nachbarn gehörte, lässt der Triumph über den Neuerwerb das Elend kurz vergessen.

Dann fällt es auf: Überall blinken Messer und Macheten. Einige schnitzen aus angespültem Kautschuk Netzschwimmer, andere stochern mit Klingen im Schlamm. Es wird geschabt, geschnitten, gehackt. Auffällig klemmen Buschmesser in den Gürteln. Sogar die Kleinen zerteilen im Sand Fischlein mit der Machete. Macht sich im Hantieren mit den scharfen Schneiden die Wut über „Bebincas" Verwüstungen Luft?

José, der Vater von Mary Rose, will nachsehen, was von den Muschelkulturen noch übrig ist. Sein Auslegerboot, eines der wenigen, die heil geblieben sind, tuckert in die schimmernde Bucht. Demolierte Plattform-Gerippe säumen die Bay. Johlend lassen sich einige Kinder davon ins Wasser plumpsen. Wie José so dasteht auf dem Ruderstand mit seinem melierten Haar, die gebräunten Beine von Narben übersät, wie er aufmerksam hinausblickt, scheint wieder alles im Lot. Als hielte er mit der Ruderstange auch sein Geschick in der Hand.

Zeit, etwas zu verdienen. José drosselt den Motor. Er greift hinter sich in eine Picknickbox, randvoll mit Bierflaschen. Sie enthalten Sprengstoff. Jose zündet eine Lunte und wirft die Flasche ins Meer. Dumpfer Knall, das Boot schwankt, dann das gewaltige Blubbern, vor dem sich Mary Rose und ihre Geschwister immer fürchten. Drei, vier Fischkadaver tauchen auf. Bevor sie mit dem Kescher eingesammelt sind, machen Möwen José seine magere Beute streitig. Jetzt, nach dem Taifun, wo schnell Geld hermuss, geht es auf Fangtouren rabiater zu. Auch wenn das die Kinderstube der Fischbestände auf dem Grund ruiniert.

Das Boot treibt einige Meter weiter. Wo sich tags zuvor Josés Wachhütte erhob, ragen nur noch Stümpfe aus der flaschengrünen See. „Das trifft unsere Familie hart", sagt José. „Es wird ein halbes Jahr dauern, bis wir uns eine neue Tahong-Plattform leisten können." Er lächelt verlegen. Mary Rose, die zu Hause ihrer Mutter hilft, hat ihre eigene Sicht der Dinge und wird später sagen: „Schade, gern würde ich dort draußen baden. In Pitong Gatang schwimmt so viel Dreck. Aber nun ist kein Netz mehr da."

Obwohl die Ernte nicht reif ist, will José einige Säcke Muscheln nach Pitong Gatang mitnehmen. Dazu müssen unter Wasser die festgewachsenen Büschel von den sechs bis acht Meter langen Pfosten entfernt werden. Wer nicht aufpasst, reißt sich beim Pflücken die Haut an den Muschelrändern auf.

Tropisch warm umhüllt einen das trübe Meer. Es lässt sich aushalten. Ja, es macht sogar Spaß, darin zu plantschen – wenn ein Kindernetz vorhanden ist. Gewiss, ab und zu bekommt man einige Spritzer in den Mund. Dann schmeckt das Wasser im Rachen unheimlich, Mary Rose kennt das vom Baden her.

Irgendwie salzig, doch vor allem scharf und herb. Der bittere Geschmack der Bucht von Manila.

Thomas Worm, Jahrgang 1957, lebt als freier Autor in Berlin und schreibt Reisereportagen. Zuletzt veröffentlichte er in mare *No. 24 seinen Bericht über den „Krieg um Liegen".*
Nicolas Cornet, Jahrgang 1963, ist freier Fotograf und lebt nach 10 Jahren Ho-Tschi-minh-Stadt jetzt in Paris. Dies ist seine erste Veröffentlichung in mare*.*

Die Bewohner von Pitong Gatang nahmen die Reporter freundlich auf. Nach einer Woche aber wurden sie misstrauisch: So lange bleiben Journalisten sonst nie. Waren sie womöglich doch Agenten der Behörden? Konnte man Menschen trauen, die tagelang freiwillig in ihr Dorf kamen? Für Worm und Cornet hieß es: Zeit zur Abreise

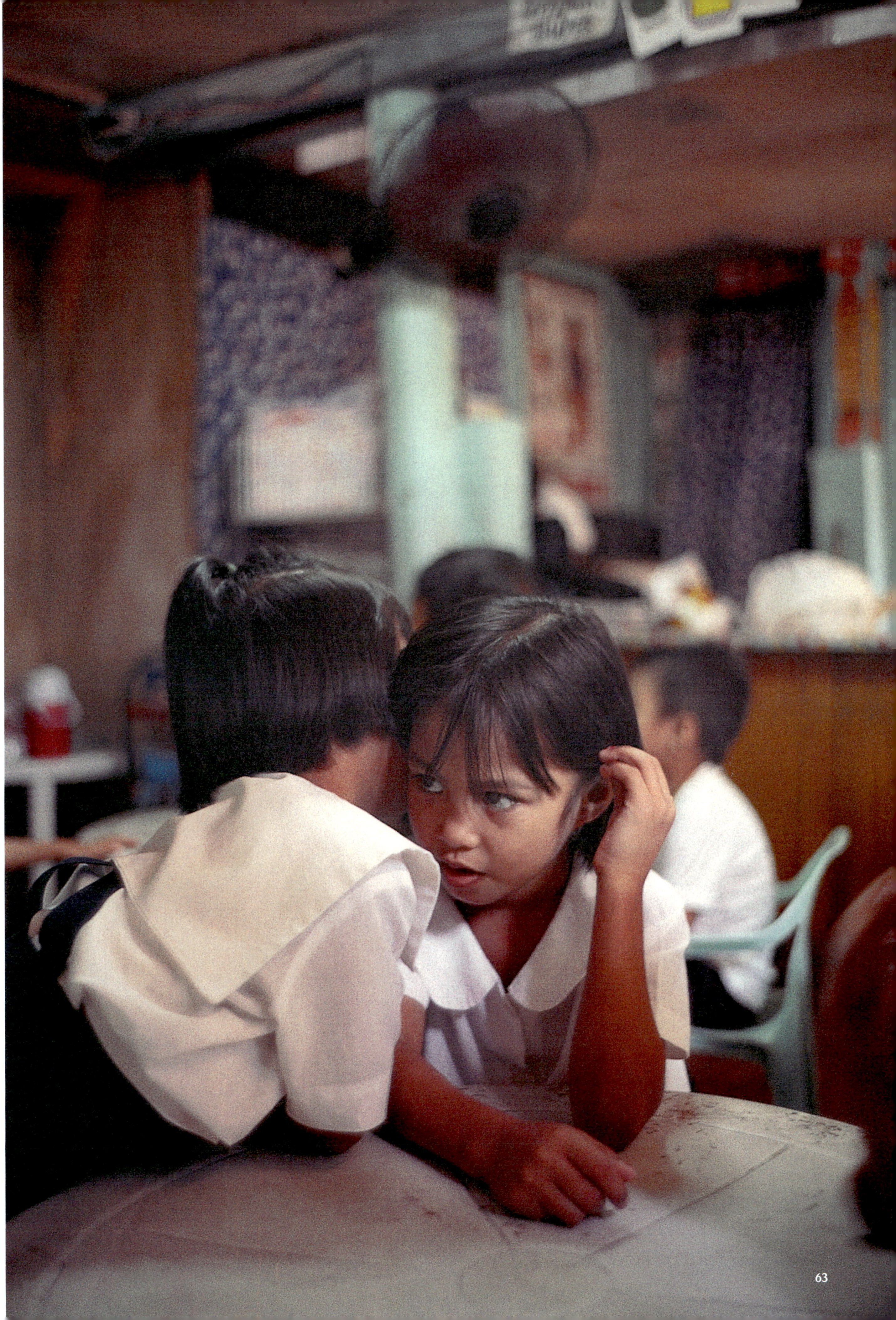

Schwerpunkt · KINDER

Wenn Kinder die Ferne verlieren

Im Zeitalter des Pauschalurlaubs in Thailand und der Karibik taugt
das Meer nicht mehr als Projektionsfläche für Abenteuer und Träume

Ein Essay von Reimer Eilers

NOCH VOR EINER GENERATION VERZAUBERTE MEIN Helgoländer Landsmann, der weltbekannte Kinderbuchautor James Krüss, sein jugendliches Publikum mit Geschichten von der See. Sie spielten um den Leuchtturm auf den Hummerklippen oder auf den Glücklichen Inseln unter dem Winde. Im Meer spiegelte sich Fremde, Freiheit, Ferne, kurzum: die Fantasie. Damit setzte James Krüss eine Tradition fort, die von den Fahrten des Odysseus über Robinson Crusoe bis zur Schatzinsel von Robert Louis Stevenson reicht.

Der berühmteste Junge der Gegenwart, Harry Potter, muss nicht in die Ferne schweifen, um seine jungen Fans zu bezaubern. Er hat, obwohl er nebenan, in England, lebt, auch gar keine Idee von der See. Denn das Gute liegt so nah. Harry Potter braucht nur zum Londoner Bahnhof King's Cross zu fahren. Dort nimmt er den Elf-Uhr-Zug auf dem Gleis neundreiviertel, um anschließend in seinem Internat die größten Abenteuer zu erleben.

Eben der scheinbar alltägliche Ort macht in heutigen Zeiten die Faszination der Harry-Potter-Romane aus. Der ist plötzlich cool, während die jugendlichen Leser ansonsten längst die Raum vernichtende Allgegenwart des Internets im Kinderzimmer ausprobieren, wo die Osterinseln, Sansibar, Jamaika gerade noch einen Mausklick entfernt liegen. Oder weil sie eh in den Osterferien mit den Eltern nach Mallorca fliegen. Oder gar zum Schüleraustausch für ein paar Monate nach Brasilien, auch dort immer noch braver und behüteter als Harry Potter in Hogwarts.

Als ich klein war, schnitzten wir am Strand Schiffchen aus den dicken Stängeln des Seetangs, setzten einen Mast mit einem Segel darauf und ließen sie davonschwimmen. Segel waren fantastische Flügel. Lange habe ich auch den Regenschirm des Fliegenden Robert für ein Segel gehalten. Sobald wir nun unsere Schiffchen nicht mehr sehen konnten, waren sie „in der Ferne". Dann rumorte der schauerlich-schöne Satz des Doktor Hoffmann in mir: „Wo der Wind sie hingetragen, ja, das weiß kein Mensch zu sagen." Das ging in diesen Augenblicken so, bis die Ferne endlich doch eine traumhafte Tagesform annahm.

Gesteuert wurde mein Traumschiff dabei durch die traditionellen Geschichten, die auf der Insel kursierten, nicht durchs Fernsehen, nicht durch glänzende Reiseprospekte. Meine bevorzugten Themen waren die Helgoländer Walfänger auf Grönlandfahrt, die Auswanderung nach Amerika und der Tausch mit den Engländern zu Kaisers Zeiten: die Kolonie Sansibar, jene Insel aus Tausendundeiner Nacht, gegen die raue Heimat Helgoland. Das Erzählte ließ mir Raum für die gewagtesten Ausschmückungen.

So wuchs und wucherte es in mir, und mit den Schiffchen aus Seetang trieb die Sehnsucht dahin.

Fernweh kommt aus dem Bauch, wo das Unverdaute siedelt. Aber es steigt als ein Sehnen in die Brust und weitet sie. Ein schönes Übel: Ohne die Sehnsucht wachsen wir weder an Geist noch an Gefühlen. Die große Liebe findet nur einen Platz in unserem Herzen, wenn wir uns im Sturm und Drang der Pubertät genügend nach ihr gesehnt haben. Genauso geht es mit dem Menschlein auf großer Fahrt. Wem die Brust eng ist, der Hals wie zugeschnürt, der mag sich wohl an einen anderen Ort wünschen. Fernweh hat er dennoch nicht. Auch für die weite Welt will erst Raum in uns geschaffen sein.

Das meint der friesische Wahlspruch am Helgoländer Rathaus: „Rüm Hart, kloar Kümmen". Weites Herz und klare Sicht. Nicht zufällig das Motto eines alten Seefahrervölkchens. Klare Sicht, versteht sich, auf die Kimm, den Horizont in Wind und Wetter. Nicht auf die Displays von RTL und AOL.

Fernbedienung statt Fernweh. Das gleiche flache Gefühl von der Verfügbarkeit der Orte vermittelt die Form des Reisens mit dem Flugzeug. Klassischerweise ist Erfüllung des Fernwehs mit einer Seereise verbunden. Die Dauer der Reise, die Unbill etwa der Seekrankheit, das sonderbar begrenzte wie abgehobene Leben an Bord schaffen Bedeutung, stimmen den Geist auf die Macht der Entfernung, den Glücksgrad der Erfüllung ein.

„Ohne die Sehnsucht wachsen wir weder an Geist noch an Gefühlen"

„Fährt ein weißes Schiff nach Hongkong, hab ich Sehnsucht nach der Ferne", heißt es so schmalzig wie lapidar in einem Schlagertext aus den fünfziger Jahren. Das war die Hochzeit des Fernwehs. Als ich siebzehn war, ließ ich die selbst geschnitzten Schiffchen aus Seetang sausen und fuhr mit der MS „Seven Seas" von Rotterdam nach Amerika.

Was für ein Name allein: Schiff der sieben Weltmeere. Rund tausend jugendliche Passagiere waren wir an Bord, eine Versammlung aus halb Europa. Auf dem Nordatlantik fiel ich aus dem Bett, weil der Schiffsdiesel ausgefallen war und der Dampfer sich im Sturm rollend in die Wellen legte. Nach einer guten Woche tauchten die Wolkenkratzer New Yorks wie großmächtige Segelmasten über der Kimm auf. Und ich wusste noch einmal, bevor wir anlegten: Die hatte auch der Fliegende Robert auf seiner Reise gestreift.

Zugegeben: 1966 war New York schon kein originelles Ziel mehr. Trotzdem hatte die Überfahrt Züge eines Initiationsritus'. Für mich, der ich vorher nur einmal in der Lüneburger Heide

Schwerpunkt · KINDER

gewesen war und etwas Schwarz-Weiß-Fernsehen kannte, hob sich ein Schleier von der Welt. Eine solche bedeutungsvolle und dem Gefühl gemäße Annäherung schafft kein Interkontinentalflug. Wer nach ein paar Stunden in zehntausend Meter Höhe die Gangway in feuchtheißer Luft hinuntersteigt, hat nur die Wahl, geschockt oder „echt cool" zu sein.

Doch alsbald akklimatisiert sich der Fluggast. Man ist die moderne Anstrengung gewöhnt, von Höhepunkt zu Höhepunkt zu leben. Der Jetlag ist passé, die Laune geliftet. Nehmen wir an, man liegt mittlerweile unter Palmen am Strand. Auf Reisen ist der Alltag aufgehoben. Die gewöhnlichen Normen gelten nicht mehr. Reisen gehört damit in die Reihe der Spiele, Feste, Rituale, der Kunst.

Wenn man den Fundus des Reisetheaters allerdings schon zu Hause tragen darf, nimmt der Reiz der Ferne ab. Die Postmoderne der Erwachsenen feiert den Karneval des Alltags. „Anything goes" lautet das Motto für Jung und Alt. Wieder ist es der motorische Overkill, der von der Straße geradewegs bis ins Denken hineinbraust.

Wo bei den Eltern alles geht, dürfen auch die Kids so „abgefahren" herumlaufen wie sie wollen, ohne Angst vor dem stets dräuenden Stubenarrest der fünfziger Jahre. Im Gegenteil: Um die Ecke wartet das nächste Straßenfest mit der über Topp und Takel geflaggten Hüpfburg. Und auf dem Kindergeburtstag gibt es Tätowierungen für die Kleinen, allergiegetestet und „vorübergehend". Schon gleitet das Kind gut gelaunt auf der Rutsche industriell gefertigter Spiel- und Deutungsmuster abwärts. Früher musste man für ein Tattoo als Salznacken nach Tahiti segeln und bekam seine Verzierung lebenslänglich. Von einer solchen Geschichte konnte man als Kind noch in den fünfziger Jahren mit einer Mischung aus Lust und Schauder träumen.

Inzwischen hält die elterliche Pseudobewegung, alle Dinge laufen zu lassen, die kindliche Fantasie auf Touren. Wird sie auf angenehmste Art hinterrücks verwaltet. Der Pirat von nebenan zückt das Gummischwert. Und wer als kleiner Abenteurer mit den Eltern nach Florida fliegt, um von der Ferne zu reden, erlebt bei Disney World das Gleiche in Grün.

Die realen zeitgenössischen Piraten auf den Reeden von Lagos oder São Paulo mit ihren Schnellbooten, Buschmessern und Kalaschnikoffs verkörpern dagegen keinen Topos des Fernwehs. Solche Typen, mit Diamanten im Schneidezahn statt schwarzer Augenklappe, sind allenfalls im Krimi am heimischen Bildschirm zu verdauen. Wichtiger noch: Die ölverseuchten Hafengewässer von Drittwelt-Metropolen sind in der Spielwelt des Urlaubs einfach keine Destinationen, verglichen mit dem Jamaika Captain Morgans oder mit Stevensons sprichwörtlicher Schatzinsel.

Fernweh ist eine hochgradig gefährdete Spezies im Zoo der Gefühle. Trotzdem: Es gibt sie noch bei jungen Leuten, in oberflächlicher Betrachtung beinahe flächendeckend. Weltweit arbeitet eine Schüleraustausch-Industrie, besonders auch in Deutschland und den USA. Wie stets in gefährdetem Terrain tritt die Pädagogik auf den Plan. Ein Ratgeber zum Thema nennt sich gar „Handbuch Fernweh".

Wer als Schüler in die Ferne geht, sollte nach Meinung des Ratgebers „flexibel, kontaktfreudig, begeisterungsfähig, freundlich, aufgeschlossen, kritikfähig und kompromissbereit" sein. Das erinnert fatal an Beziehungsanzeigen. Junge Leute, die mit einer derart aalglatten Psyche ausgestattet sind, leiden sicherlich an gar keinem Wehwehchen. Doch wo wären sie zu finden, jenseits von Papier und Pädagogik?

Fernweh lebt von dem inneren Blick auf ein Geheimnis. In einer Welt, die sich radikal ihrer Geheimnisse entleert und sie in Ratgebern oder im Neckermann-Katalog für jedermanns Zugriff präsentiert, wird das Fernweh nicht bestehen. Das alles ist natürlich Lüge. In Wahrheit steckt die Welt immer noch voller Geheimnisse. Das Problem ist nur: Eltern lassen ihre Kinder nicht auf wirkliche Geheimnisse los.

„In Wahrheit steckt die Welt immer noch voller Geheimnisse"

Das noch größere Problem: Echte Geheimnisse lassen sich furchtbar schlecht verkaufen. „Die Siedler" im Internet zu spielen ist eine Sache. Doch kein kleiner Azubi tauscht in seinem Leben die soeben erworbene Kreditkarte gegen eine geheimnisvolle Schatzkarte ein.

Schade eigentlich.

Reimer Eilers, Jahrgang 1947, ist promovierter Volkswirt und lebt als Schriftsteller in Hamburg. Er stammt aus einer Lotsen- und Fischerfamilie und verbrachte seine Jugend zeitweise im Leuchtturm seines Großvaters auf Helgoland. Zuletzt schrieb er in mare *No. 23 einen Essay über Leuchttürme als Mittler zwischen Land und Meer: „Es werde Licht!"*

Schwerpunkt · KINDER

Die Werft im Kinderzimmer

Aus Karton und Klebstoff lassen sich mit viel Geduld
die schönsten Dampfer basteln

Von Olaf Kanter

ZWERGE SPIELEN GERNE MIT RIEsen. Das ist einfach so, und deshalb macht der Spielzeughandel mit maßstabgerechten Verkleinerungen gute Geschäfte. Mit Autos im Matchbox-Maß. Oder schuhkartongroßen Lokomotiven. Nur Schiffe gibt es komischerweise nicht, die muss sich jedes Kind selber bauen. Aus Lego lässt sich da einiges machen, aber dann werden die Dampfer immer so eckig.

Viel schicker ist ein Modell aus Karton wie der Bananenfrachter „Cap San Diego". Der sieht auch in 250-facher Verkleinerung genauso aus wie das große Vorbild im Hamburger Hafen. Auf den Bauteilen aus Papier fehlt kein Detail: Bullaugen und Ankerklüsen, Freibordmarke und Positionslichter – alles dran.

Gebaut wird wie auf einer richtigen Werft. Erst Querschotten und Längsspanten, dann Bordwände und Rumpf, zuletzt Aufbauten, Schornstein und Takelage. Kartonbauer schwören auf ihren Werkstoff: Papier sei eigentlich wie Stahl. Nur eben in Stabilität, Gewicht und Biegsamkeit auf das Format XXS reduziert. Schade nur, dass die Montage fast so lange dauert wie auf einer richtigen Werft.

Andererseits wäre es auch zu schön, wenn ein Spielzeug einfach nur Spaß brächte. Doch in den Modellen aus Papier steckt zusätzlich erzieherische Absicht. Lernen soll das spielende Kind, Geduld zum Beispiel. Die auf 57,9 Zentimeter Länge geschrumpfte „Augusta Victoria", ein schmucker Dampfer aus dem Jahr 1889, besteht aus 1077 Teilen. Eine Herausforderung an die jugendliche Ausdauer.

Das Training an Papiermodellen hat eine lange Tradition: Der älteste Vorläufer der Ausschneidebögen wurde 1547 nach einer militärkundlichen Schrift des Grafen Reinhard zu Solms-Lich angefertigt. Die Serie von 44 Holzschnitten zeigte Hütten, Zelte und Kanonen – und sollte angehende Offiziere beim Lagerbau anleiten.

Den belehrenden Ballast sind die Bastelvorlagen nicht wieder losgeworden. Am heftigsten war der Eingriff der Großen in die Spielwelt der Kleinen zu Beginn des 20. Jahrhunderts. Der Schreiber Verlag in Esslingen wirbt 1915 damit, dass seine Modellierbögen Kinder wunderbar auf ihre künftige Rolle in der Gesellschaft vorbereiten würden. So dürfen Mädchen zwecks „Erfüllung in Haus und Familie" Puppen mit Papierkleidern behängen, während die Jungs den Errungenschaften

AUS PLASTIK WIRD ES NUR EIN MODELL. MIT PAPIER ABER GELINGT DIE ILLUSION VOM SCHIFFSRIESEN IM KLEINFORMAT

der Technik begegnen: „Das bringt besonders den technisch begabten Schülern, den zukünftigen Ingenieuren und technischen Kaufleuten Anregung und Nutzen."

Auch bei der militärischen Früherziehung leisten Karton und Kleber wertvolle Dienste. Soldaten und ihr Gerät zählen seit Mitte des 19. Jahrhunderts zu den Verkaufsschlagern aller Modellbogen-Verlage. 1938 gehört zur Bauanleitung für den Torpedo-Zerstörer „Leberecht Maass" der Hinweis, dass er „dazu beitragen wird, Deutschlands Ruhm und Ehre jederzeit zu verteidigen und im Frieden wie im Kriege den deutschen Namen hochzuhalten".

Im Ernstfall kann sich der Modellbau hinter der Front bewähren: Die Bastelbögen sind, findet das Stuttgarter Evangelische Sonntagsblatt während des Ersten Weltkrieges, „ein prächtiges Hilfsmittel für Mütter, um zur Zeit vaterlose Buben durch Beschäftigung in Zucht zu halten".

Die Zähmung des Nachwuchses funktioniert auch in Friedenszeiten prima, bis in den siebziger Jahren ein revolutionäres Material Eltern die Ruhe raubt. Mit der Einführung von Plastik im Modellbau verkürzt sich die Montagezeit für Miniaturdampfer dramatisch. Selbst ein Gigant wie der Flugzeugträger USS „Enterprise" besteht nur noch aus 150 vorgefertigten Bauteilen – und ist nach spätestens zwei Tagen reif für den Stapellauf. Ein schwerer Schlag für die Papierschifffahrt.

Erst in den neunziger Jahren schafft sie das Comeback. Dank Computer und moderner Drucktechnik gelingen heute komplizierte Schnittmuster, mit denen perfekte Schiffskopien machbar sind. Aus Plastikbausätzen werden immer nur Plastikmodelle. Mit Papier gelingt die Illusion vom Schiffsriesen in Kleinformat. Deshalb wachsen die Kartonflotten wieder.

Unter den umworbenen Bauherren sind allerdings nur selten Kinder. Als der Hamburger Modellbaubogen Verlag zu Weihnachten 2000 sein neues Modell des Schlachtschiffs „Bismarck" auf den Markt bringt, greifen vor allem Väter und Großväter zu.

Der Nachwuchs rechnet und freut sich: Selbst geübte Kartonbauer schaffen nur zehn Teile pro Stunde. Zur „Bismarck" gehören 7290 Einzelteile. Macht 729 Stunden Bauzeit. Mal angenommen, Papa sitzt jeden Tag zwei Stunden an seinem Pappkreuzer. Dann ist er ein Jahr mit Schneide- und Klebearbeiten ausgelastet. Und die Kinder haben ihre Ruhe. ∞

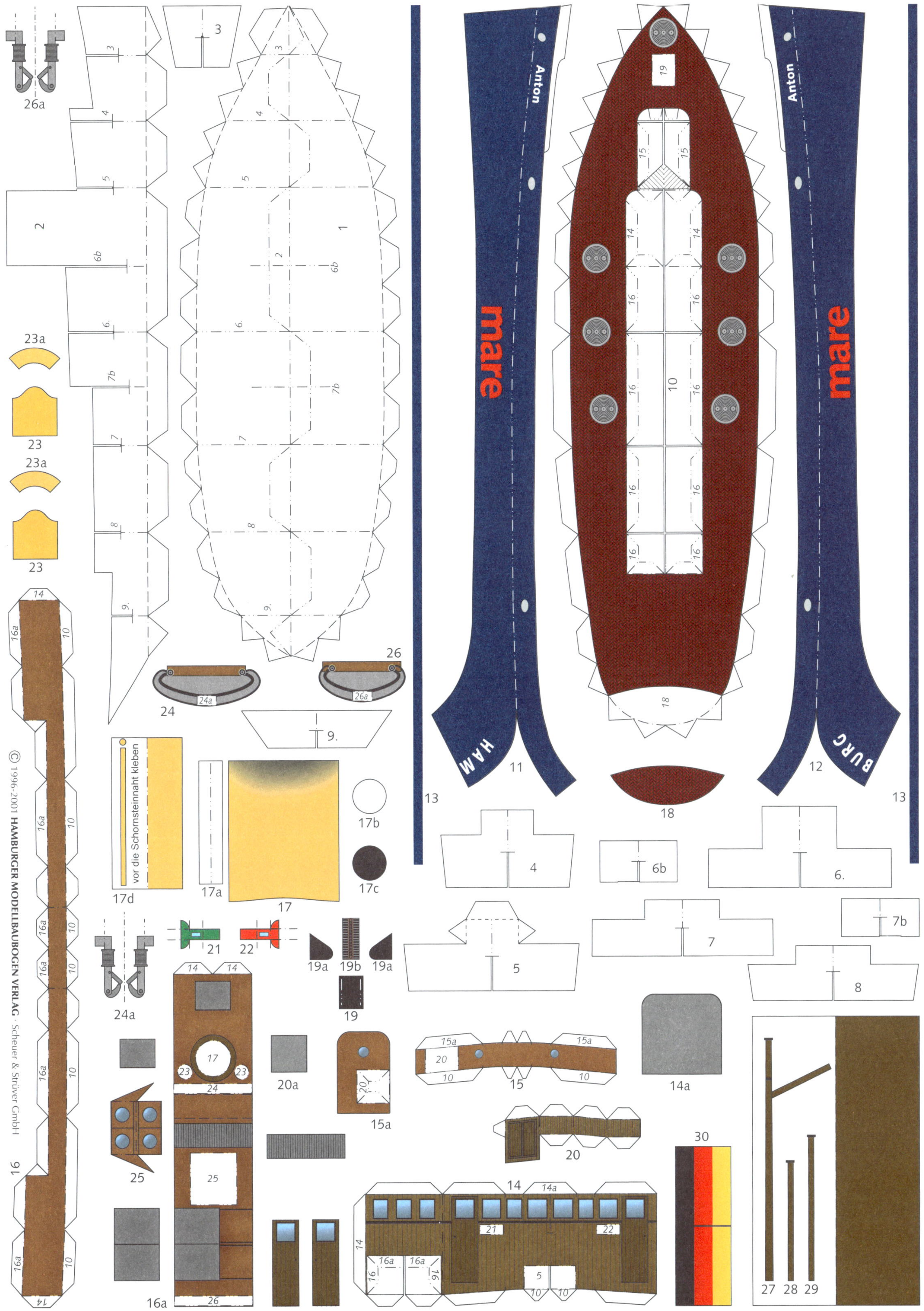
26a
23a
23
1
2
3
4
5
6b
6.
7b
7
8
9.
24
24a
26
26a
Anton
mare
HAM
BURG
10
11
12
13
14
14a
15
15a
16
16a
17
17a
17b
17c
17d
vor die Schornsteinnaht kleben
18
19
19a
19b
20
20a
21
22
25
27
28
29
30

Schwerpunkt · KINDER

Ein *mare*-Schlepper für die Leser

Zum Bau des Schleppers „Anton" werden Schere, Bastelmesser, Lineal, Pinzette und Alleskleber benötigt. Weitere nützliche Hilfsmittel: Zahnstocher, Stopfnadel, Farbstifte zum Einfärben von Schnittkanten. Damit nichts verloren geht, nur die Bauteile ausschneiden, die für den nächsten Arbeitsschritt benötigt werden. Komplizierte Teile vor der Montage sorgfältig anpassen! Hohle Bauteile wie der Mast können mit Draht versteift werden, um eine höhere Stabilität zu erreichen. Das Spantengerüst sollte auf einer ebenen Unterlage zusammengeklebt und vorsichtig beschwert werden, um Verzug während der Aushärtezeit zu vermeiden. Dem Klebstoff immer genug Zeit zum Aushärten lassen. Viel Spaß beim Bau von „Anton"!

Liniencode: —·—·—·— auf der bedruckten Seite rillen (mit der Stopfnadel vorsichtig anritzen) und nach hinten knicken

- - - - - - - - - - auf der Rückseite rillen und nach vorn knicken, dazu mit einer Nadel die Eckpunkte durchstechen

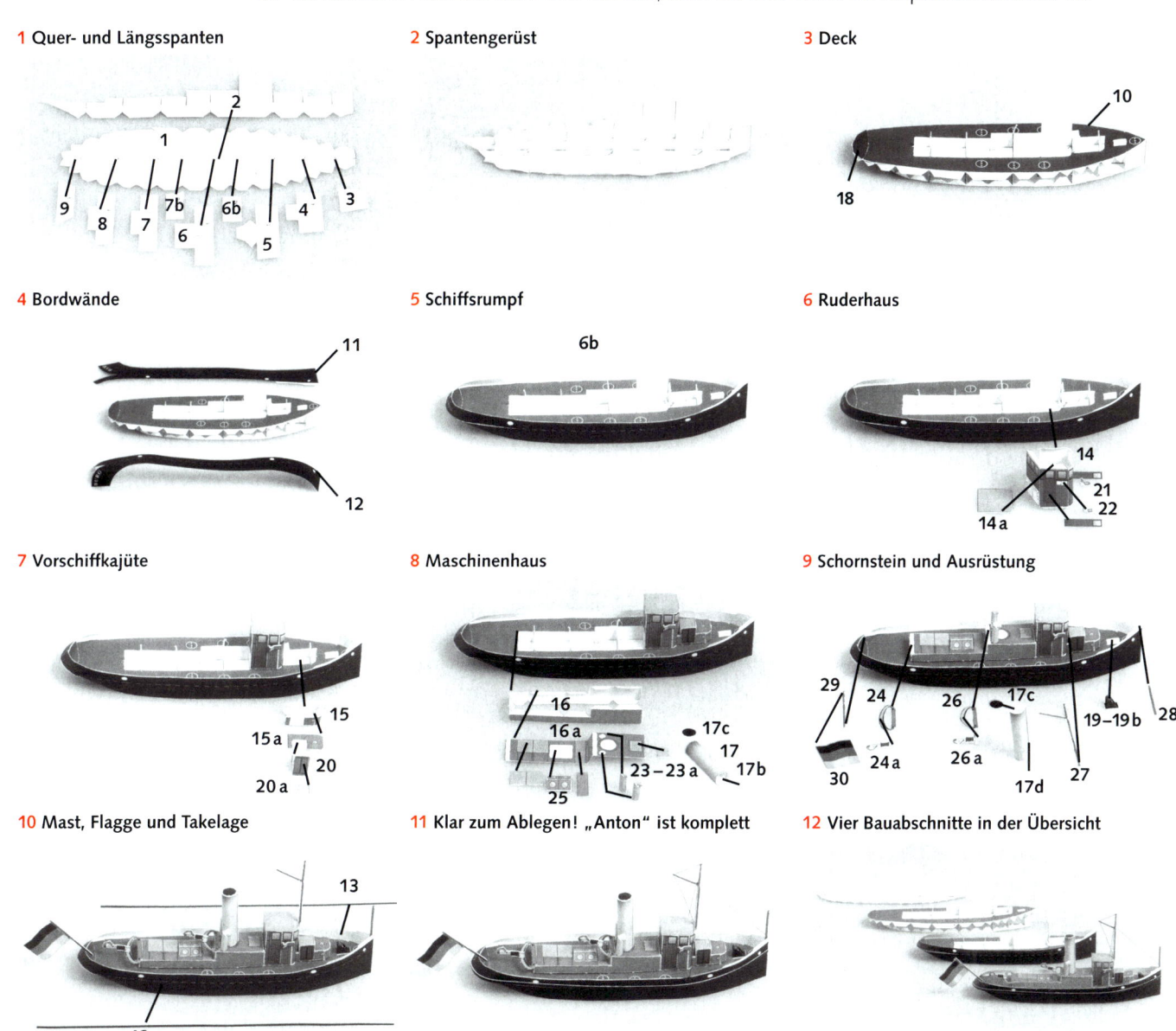

1 Quer- und Längsspanten

2 Spantengerüst

3 Deck

4 Bordwände

5 Schiffsrumpf

6 Ruderhaus

7 Vorschiffkajüte

8 Maschinenhaus

9 Schornstein und Ausrüstung

10 Mast, Flagge und Takelage

11 Klar zum Ablegen! „Anton" ist komplett

12 Vier Bauabschnitte in der Übersicht

Der Schlepper „Anton" fährt mit freundlicher Genehmigung des Hamburger Modellbaubogen Verlages unter unserer Flagge. Wer mehr oder größere Pötte bauen möchte, findet im Katalog des Modellbauvertriebs Scheuer & Strüver das ganze Sortiment – vom Frachtsegler bis zur „Titanic". Internet: www.scheuer-struever.de, Tel.: 040 / 69 65 79-0

Schwerpunkt · KINDER

EIN SCHIFF MUSS FAHREN

Wenn ein Kapitän auf großer Fahrt ist, sitzt irgendwo ein Seemannskind – und wartet

Von Silke Bielenberg

DIE HEIMAT, DIE FERNE, DAZWIschen das Meer. Genua. Batavia. Von Batavia nach Makassar, von Makassar nach Surabaya und zurück. Valparaíso, Belém. Rotterdam. Kiel-Holtenau. Mutters Geschichten und seine Geschichten. Sie spricht von Booten mit bunten Segeln und vom Geruch der Tropen. Von einem schweren Duft nach Nelken. Nach Lorbeer und Zimt und Safran. Ingwer und Muskat. Und die Mangoblüten.

Sie geht an den Schrank und holt Gläser hervor, öffnet die Schraubdeckel und gibt mir den Duft der Tropen zu riechen. „Siehst Du? Das sind Nelken. So riecht es dort. Wo Vater jetzt ist."

Oft sprach sie von Grenada und St. George's Bay, wo sein Schiff lag. Sie erweckte uns den fernen Vater zum Leben. Das Porträt in weißer Uniform, eine Fotografie, die ihn auf der Brücke seines Schiffes zeigt, darunter der ewige Satz: „Navigare necesse est, vivere non est necesse." Wenn wir fragten, was der Satz zu bedeuten habe, sagte sie knapp: „Es bedeutet, dass ein Schiff fahren muss."

Das Bild, Geschenk einer Mannschaft zum Abschied ihres Kapitäns, stand auf der roten Kommode, darüber die Weltkarte, riesengroß. Kleine Nadeln mit bunten Köpfen zeigten seine Routen an. Von Genua nach Batavia. Von Batavia nach Makassar, nach Surabaya und zurück. Und dann, irgendwann, kam immer der Tag.

Sie steht da, schweigend, vor der Karte. Ihr Blick fährt noch einmal den Weg des Schiffes nach, von Stecknadel zu Stecknadel. Dann hebt sie mich auf die Kommode, gibt mir behutsam eine Nadel in die Hand und zeigt feierlich auf einen Flecken, irgendwo nahe dem großen Blau. Rotterdam. Ich stecke die Nadel ein und weiß, dass er jetzt bald kommen wird.

Was folgte, hatte System. Der große Hausputz, die Vorratsnahme, das Braten und Backen, das Feinmachen. Alles gehorcht den Gesetzen eines generalstabsmäßigen Plans, der für mich zwei präzise Aufgaben vorsah: Steh nicht im Weg und geh zu Matthiesen. Der alte Matthiesen war Herrenfriseur und zählte nicht eben zu den großen Vertretern seiner Zunft. Genau genommen umfasste sein Repertoire eigentlich nur eine einzige Frisur, die er auch nicht mit der Schere herstellte, sondern mit einem Rasierapparat. Das mochte hingehen, solange man klein war und bereit, einen Matthiesen als festen Bestandteil der unergründlichen Weltordnung zu akzeptieren. Später fand ich mich mit langen Haaren schicker. Alle anderen hatten auch lange Haare. Aber da war nichts zu machen. „Steh nicht im Weg", sagte sie von der Leiter herab, „und geh zu Matthiesen."

Wenn Vater nach endlosen Monaten von großer Fahrt nach Haus kam, sorgte Mutter dafür, dass er alles so vorfand, wie er es sich in langen Nächten an Bord zusammengeträumt hatte. Und weil ich in diesem Traum eben mit lächerlicher Frisur vorkam, war es Gesetz. Sie hatte dann so eine Art, einen anzusehen. Dass man überhaupt im Stande war, ihre Herkulesarbeit mit derartigen Nichtigkeiten zu sabotieren. Also blieb es dabei. Ich ging zu Matthiesen und ließ es geschehen. Dann kam er.

Wir holten ihn ab. Wir holten ihn immer ab. Vom Bahnhof in Hamburg. Vom Flughafen. Vom Schiff in Rotterdam. Wir fuhren mit dem Auto. Mutter am Steuer, ich hinten. Neben mir Cordel, meine Schwester, die es mit Kleid und Zöpfchen auch nicht gut getroffen hatte, davon aber nichts wusste.

Ich sehe ihn aus dem Zug steigen, ich sehe ihn die Gangway hinunterkommen. Mächtig sieht er aus und braun gebrannt. Fest nimmt er Mutter in den Arm und hebt Cordel mit leichter Hand über den Kopf. Groß sei sie geworden, findet er, was ich so nicht bestätigen kann. Er legt eine Riesenhand auf meinen Kopf, wuschelt mir den kahlen Schädel und sagt etwas von Sohnemann. Er hat nur

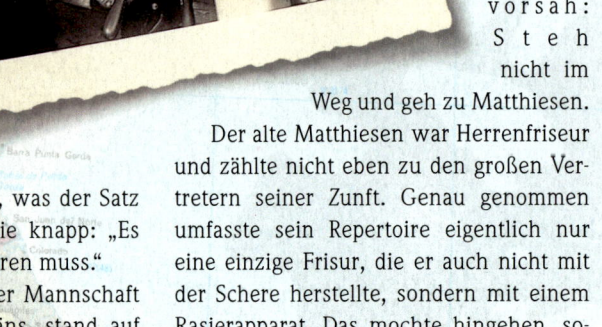

Schwerpunkt • KINDER

ATLANTIC

OCEAN

eine Tasche dabei, die, wie wir aus Erfahrung wissen, Geschenke enthält. Der Rest des Gepäcks wird nachgeschickt. Wir sind beim Auto, er möchte fahren. Er sei zu müde, findet Mutter. Nein, nein, das gehe schon, sagt er. Fährt los und droht augenblicklich, am Steuer einzuschlafen. Er solle sie doch fahren lassen, bittet Mutter. Er gibt endlich nach, auf dem nächsten Parkplatz werden die Positionen getauscht. Wir kennen das schon, es ist jedes Mal so. Keine Geschichten, keine Abenteuer. Er schläft auf dem Beifahrersitz, sie schaut im Rückspiegel nach uns und legt den Finger an die Lippen. Das Zeichen. Wir sind so leise, wir können schweben, sagt sie. Es gilt bis zum nächsten Morgen. Dann erst ist er wirklich angekommen.

„Na, how's life, Sohnemann?", begrüßt er mich in aufgeräumter Laune. „Gut", sage ich. Mit ihm wird es international. Es gibt „some presents", und wir lassen hören, was wir uns gemerkt hatten: „Je voudrais un paquet de Gauloises sans filtre und für Cordel a colored TV." Was ich bekomme, ist eine Taucheruhr mit 5000 Funktionen und einen kleinen Kassettenrekorder zum Herumtragen. Jahre später sollen solche Geräte unter dem Namen Walkman berühmt werden. Ja, das Leben ist schön, und jetzt kommen die guten Tage.

„Heute hast du mich und mein Portemonnaie für einen ganzen Nachmittag", sagt er, und: „Was sollen wir tun?" Alles wollen wir tun. Zuerst ins Café Fiedler auf Banana Split und Erdbeertorte mit Sahne. Dann nach Hamburg zu Hagenbeck. Um noch einmal alle Geschichten zu hören, die wir schon auswendig kennen.

Er darf trotzdem keine auslassen und erzählt sie bereitwillig zum hundertsten Mal: von dem Kakadu, der so heißt, weil er dem ersten Offizier in Neuguinea einmal auf den Kopf gekackt hat. Von Boxkämpfen mit Kängurus und von Elefanten, zu denen man gut sein muss, weil sie sich alles ein Leben lang merken. Am Abend beschließt er, dass wir morgen zusammen rausgehen. Er besorgt sich die „Regina", die schneeweiße Vindö-Yacht von Onkel Heiner, die ich von unzähligen Sonntagstörns kenne. Die Förde auf und ab, und in Laboe legte Heiner immer auf ein Stück Torte an.

Mit Vater war das anders. Er wollte nie anlegen und fand überhaupt, die Förde sei mehr was für Heiner. Vater trieb das Schiff heraus, weg von den Ufern, so schnell er konnte, ließ Laboe steuerbords und Schilksee backbords liegen, bis die See kabbelig wurde und die uferlose Weite vor uns lag. Dann richtete er sich auf, packte das Ruder fest und rief seine Befehle gegen

69

Schwerpunkt · KINDER

die lärmende See: Klar zur Halse! Fier auf die Schot! Und wenn Mutter nicht dabei war, legte er das Schiff für mich an den Wind, bis das Wasser auf die Sitzbänke spritzte und ich vor Freude schrie.

Die ersten Tage. Die wie im Rausch vergingen und alle Fremdheit vergessen machten. Prächtige Tage, deren Ende wir nie wahrhaben wollten, und wenn wir endlich doch ins Bett mussten, Vater das Licht gelöscht hatte und die Treppe herunter war, griffen Cordel und ich unsere Decken und rollten uns auf dem Flur vor der Ofenklappe zusammen. Dort, an der Ofenklappe, hörten wir, was nicht für unsere Ohren bestimmt war. Durch den Schornstein lauschten wir dem Treiben im Wohnzimmer, wenn Freunde das Haus bevölkerten und Vater exotische Getränke mixte. Wir hörten Onkel Heiner zu, wenn er betrunken war und tanzen wollte und alle Frauen schön fand.

Durch den Schornstein hörten wir von den Sorgen, die Mutter mit uns hatte, und von Plänen, die Vater für uns machte. Und dort, an der Ofenklappe, hörten wir endlich auch seine Geschichten. Die wahren Geschichten, in denen von Nelkenduft und Mangoblüten nicht die Rede war. Sprach er mit Mutter, dann handelten sie von Einsamkeit. Von langen Monaten auf den Schiffen unter Billigflagge und einer Mannschaft, die seine Sprache nicht verstand. Wenn er mit seinem Bruder Heiner alleine war, handelten die Geschichten von den Gefahren des Meeres. Von Piraten, die vor Lagos das Schiff entern, mit Strumpfmasken und abgesägten Maschinengewehren, und auf alles schießen, was sich bewegt. Von Drogen und Krankheiten, von Stürmen und Bränden auf See und von Kollegen, die nicht mehr wiedergekommen sind.

Heiner fand, er solle Schluss machen. Ein Job an Land, es gäbe auch da genug zu tun. „Nein", sagte Vater dann: „Noch nicht." – „Wann?" fragte Heiner nur. „Noch nicht." Immer wieder. Jahre- und jahrzehntelang. Er mochte diese Gespräche nicht und schnitt sie ab mit diesem „Noch nicht", das eigentlich „Niemals" bedeutete, und alle wussten es. Er wusste es, und wir wussten es. So gut wie wir wussten, dass den guten Tagen die weniger guten folgen würden.

Denn wenn die Festtage der Ankunft erst vorbei waren, kam schnell der Alltag. Die Besprechungen mit Mutter, Entscheidungen, Besorgungen, Geschäfte. Da waren wir im Weg und wurden zu Großmutter geschickt, um uns dort für eine Woche bei lustlosen Spielen zwischen Dachboden und Apfelgarten zu langweilen.

Waren die Besorgungen getan und die Geschäfte erledigt, ging es endlich zurück nach Haus. Aber die Festtagsstimmung wollte nicht mehr aufkommen, und es war offensichtlich, dass Mutter ein paar Dinge ausgeplaudert hatte, die sie in meinen Augen lieber für sich behalten hätte. Plötzlich ging es um Schularbeiten, und die Ermahnungen häuften sich. Wir sollten Mutter nicht so viele Sorgen machen, das Fahrrad putzen, uns ordentlich anziehen und nicht frech werden. Dann konnte er plötzlich zu dem Vater werden, den alle anderen auch hatten. Er konnte laut werden und mir so auf die Nerven gehen, dass ich mir wünschte, er möge doch endlich wieder abhauen nach Valparaíso. Und wenn er Mutter darauf hinwies, dass die Gardinen mal gewaschen werden könnten, sah ich, dass es ihr ähnlich ging.

Das waren die Tage der Unruhe. Wenn er mit seinen Gedanken schon irgendwo war und stündlich mit dem Anruf rechnete. Der Einsatzbefehl mit dem genauen Tag der Abreise. Wohin? Wird es ein gutes Schiff sein? Eine gute Mannschaft? Wenn der Anruf dann endlich kam, waren alle erleichtert – und doch kam er jedes Mal zu früh. Nur noch eine Woche.

Es mussten Vorbereitungen getroffen werden, und für die schönen Dinge blieb so wenig Zeit. Einmal noch Café Fiedler, einen Tag noch auf der „Regina", und der Vorabend seiner Abreise war gekommen. An einem dieser letzten Abende, ich war zwölf Jahre alt, nahm er mich mit an den Hafen. Wir gingen zu Jensens Werft, er legte einen Stapel Geldscheine auf den Tisch: „Damit der Junge von der Straße kommt", sagte er. Jensen nickte, und ich hatte mein erstes Boot.

Früh am nächsten Morgen der Abschied, zu Haus, Mutter allein begleitete ihn zum Schiff. Dann war er fort. Es wurde ruhig im Haus, die Ofenklappe blieb für Monate geschlossen, und die Haare durften wieder wachsen. Ich segelte meine Jolle, weg von den Ufern, und wünschte, er könnte mich sehen. Das Weihnachtsfest kam, und er war fort. Das Silvesterfest kam, wir schickten eine Rakete in den Himmel und wollten glauben, dass er sie sehen könnte, dort, wo er gerade war.

Wir rückten eng zusammen, und Mutter erzählte ihre Geschichten vom Duft der Tropen und den Booten mit den bunten Segeln. Wenn es spät war und wir im Bett lagen, fragte sie, was sie uns vorlesen soll. Das Märchen wollten wir hören. „Nicht schon wieder!" rief sie dann seufzend, weil sie wusste, dass ihr wieder die Tränen kommen würden. Das ewige Märchen vom Teufel mit den drei goldenen Haaren.

Am Ende las sie es doch: „Da fasste des Teufels Großmutter das dritte goldene Haar und riss es ihm aus. Der Teufel fuhr in die Höhe, schrie und wollte übel mit ihr wirtschaften, aber sie besänftigte ihn nochmals und sprach: ‚Wer kann für böse Träume!' – ‚Was hat Dir denn geträumt?' fragte er und war doch neugierig. ‚Mir hat von einem Fährmann geträumt, der klagte, dass er immer hin- und herfahren müsste und nicht abgelöst würde. Was ist wohl Schuld?' – ‚He, der Dummbart!' antwortete der Teufel: ‚Wenn einer kommt und will überfahren, dann muss der Fährmann ihm das Ruder in die Hand geben, dann muss der andere überfahren, und er ist frei.'"

Silke Bielenberg, Jahrgang 1957, lebt und arbeitet als freie Autorin in Hamburg. Dies ist ihr erster Beitrag für mare. *Ihre Geschichte zeichnet die Erinnerungen von sieben Seemannskindern auf. Dank für die vielen Gespräche nach Kiel, Hamburg und Bremen. Wir danken der Familie Rückwardt für die Bilder aus ihren Fotoalben*

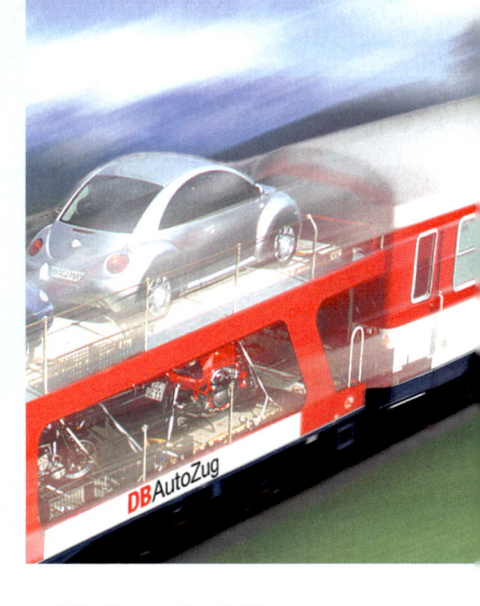

Die klügere Familie fährt Zug: DB AutoZug!

Der clevere Weg zu Ihrem Urlaubsdomizil: Kein Stress. Kein Stau. Kein „Wann-sind-wir-denn-endlich-da?!" Im Sommer von 17 deutschen Terminals zu 29 Zielen in Deutschland, Frankreich, Italien und Österreich. Mit dem DB AutoZug im Liegewagen über Nacht ans Ziel – das Auto im Gepäck!

Infos und Buchung von DB AutoZügen über das DB AutoZug Servicetelefon: 0180/5 24 12 24 von 8.00 – 22.00 Uhr, in DB ReiseZentren, Reisebüros mit DB-Lizenz oder unter www.dbautozug.de.

DB AutoZug
Deutsche Bahn Gruppe

Jetzt Katalog anfordern!

Katalogbestellung per Fax an 0341/9 12 77 98 oder per Post: DB AutoZug, Versandservice, Postfach 21 11 11, 04112 Leipzig.

☐ Frau ☐ Herr

Name

Vorname

Straße/Nr.

PLZ/Ort

E-Mail

Schwerpunkt · KINDER

DER KÄLTESTE SPIELPLATZ DER WELT

Chile und Argentinien setzen bei der Eroberung der Antarktis auf sturmfesten Nachwuchs: die Kinder des Polarpersonals. Denn wer Land besitzen will, muss besiedeln. So steht's im Völkerrecht

Text: Peter Korneffel
Illustration: Frank Nikol

KINDER, ZIEHT EUCH WARM AN und lauft nicht so weit raus! Zwar klettert das Thermometer an einem warmen Hochsommertag zur Weihnachtszeit in die Nähe des Gefrierpunkts, aber wenn ein Polarsturm mit über 200 Kilometern pro Stunde den Kindergarten zum Vibrieren bringt, ist es draußen mehr als ungemütlich.

Die 20 Kinder der chilenischen Antarktissiedlung Villa Las Estrellas – „Die Sterne" – teilen sich hinter der Turnhalle eine chilenische Freifläche, die viermal so groß ist wie Deutschland. Die verschneite Weite taugt allerdings nur bedingt zum Spielplatz: Packeis, Kälte bis 89 Grad unter Null und die schwersten Stürme unserer Erde isolieren die Luftwaffenbasis „Presidente Frei" und die angegliederte Siedlung über die langen Wintermonate von April bis September. Kinder wie Eltern können dann kaum noch ihre Häuser verlassen.

Dennoch ist der Regierung Chiles dieses „Bevölkerungsmodell" sehr wichtig. Die Besiedlung der Einöde soll präventiv gegen juristische Probleme wirken: Nur im eigenen Hoheitsraum kann sich ein Staat wirksam gegen Eingriffe von außen wehren, etwa gegen die Überfischung der antarktischen Gewässer durch internationale Fangflotten. Mit seiner im Jahr 2000 bekräftigten „nationalen Antarktispolitik" will Chile nun einer „Bedrohung durch mögliche Konflikte zwischen den Antarktisstaaten" vorbeugen.

Der frühere Stationskommandant von „Presidente Frei", Coronel Federico Klock, erklärt die Siedlung auf der antarktischen König-Georg-Insel so: „Wir untermauern damit unsere Souveränität, damit wir eines Tages, wenn das Land aufgeteilt wird, sagen können: ‚Wir haben Leute dort wohnen, und es gibt Chilenen, die in der Antarktis geboren wurden.'"

Über einen großen Teil der von Chile reklamierten 1 250 000 Quadratkilometer zwischen Südpol und dem 60. Breitengrad streitet die Regierung mit Argentinien fast wie die Kinder im Sandkasten:

– „Villa Las Estrellas ist das einzige Dorf des Kontinents, in dem ständig Familien mit Kindern leben!"

– „Stimmt nicht! Argentinien hat in seiner Siedlung Esperanza genauso viele Familien und Kinder!"

– „Villa Las Estrellas wurde schon 1984 gegründet!"

– „Esperanza schon 1978, und außerdem betreiben wir den einzigen Radiosender des weißen Kontinents!"

– „Aber keine Forschungsstation hat ein so hohes Niveau wie die von Chile!"

– „Argentinien hat schon am 18. Februar 1976 die erste katholische Antarktis-Kapelle eröffnet, unter dem Schutz des Heiligen Francisco von Assisi!"

– „Aber Chile hat seine Territorialgrenzen 1940 klar abgesteckt!"

– „Die heldenhafte Besatzung der argentinischen Korvette ‚Uruguay' erreichte die antarktische Halbinsel bereits 1903!"

Und der Walfang und die Spanier und so weiter. Im Kanon der offiziellen Argumente um die „Provinz Chilenische Antarktis" und die argentinische „Provinz Feuerland, Antarktis und Atlantische Inseln" grüßen dann noch die britischen Polar-Anrainer von den Falkland-Inseln. Denn

Schwerpunkt · KINDER

auch London reklamiert in Teilen das gleiche Territorium für sich.

Der Antarktisvertrag von 1959/61 bildet die Grundlage für die friedliche und wissenschaftliche Nutzung der Antarktis. Ihm sind mittlerweile 44 Nationen beigetreten, von denen sieben auch Hoheitsansprüche auf Teile des Kontinents stellen. Die große Mehrheit der Vertragsstaaten unterstützt hingegen den Vorschlag, die Antarktis unter die Verwaltung der Vereinten Nationen zu stellen. Selbst die USA stimmen für die Unabhängigkeit der Polarregion. Das Vertragswerk setzt sich aber ausdrücklich nicht über vor 1959 erhobene Souveränitätsansprüche hinweg. Und völkerrechtlich ist die Besiedlung staatenlosen Landes eine Möglichkeit, solche Ansprüche geltend zu machen.

Was nun? Regeln für die Erschließung der Antarktis und eine gerechtere Verteilung der wirtschaftlich nutzbaren Ressourcen rücken in den Mittelpunkt der völkerrechtlichen Diskussion. Angesichts der wohl immensen Öl-, Gas- und Erzvorkommen unter dem Eis war deshalb das Antarktis-Umweltprotokoll von 1991 ein wichtiger Schritt. Es soll für die nächsten 50 Jahre eine unkontrollierte Ausbeutung der Bodenschätze und die resultierende Bedrohung für das Ökosystem verhindern sowie Grenzstreitigkeiten entschärfen.

Und die Kinder? Die chilenische Luftwaffe schreibt, die Antarktiskinder seien glücklich. Sie liebten es, im Schnee zu spielen, mehr noch: „Sie sind wie Pinguine!" Und gelegentlich stöbern sie nach alten Armeemützen auf der nahen russischen Basis. Sie freuen sich, wenn der Postbote mit der Hercules C-130 landet oder sie Nachrichten im Internet erhalten. Ein einzigartiges Kinderleben.

Dieses lässt sich auch der Leiter des staatlichen Antarktis-Instituts in Santiago, Oscar Pinochet de la Barra, nicht nehmen: „Die Besiedlung mit Kindern ist legitime Politik der chilenischen Regierung." Womöglich hat er Recht. Aber die Kinder von Las Estrellas und Esperanza hat natürlich niemand gefragt, ob sie im Gerangel um Hoheitsrechte, Bodenschätze und Fischgründe für Jahre in die Kälte wollen.

„Liebe mare-Redaktion,

Wir sind elf Kinder hier in der Schule, und im Dorf gibt es noch ein paar Jüngere, der Kleinste ist sieben Monate alt. Kontakt zum Kontinent halten wir über Telefon, aber wir müssen uns abwechseln mit allen anderen, denn es gibt nur zwei Leitungen.

Hier ist ständig Winter. Wegen der tiefen Temperaturen müssen wir uns immer dick einpacken. Wenn Ihr gerade Sommer habt, gibt es hier sehr viel Schnee, und der Tag dauert nur vier Stunden.

Unsere Verwandten kommen leider nicht oft, denn es ist so kompliziert. Es gibt ja keine festen Flugpläne, weil alles vom Wetter abhängt. Wir haben uns noch keine Gedanken darüber gemacht, was wir später einmal werden wollen, aber die Antarktis gefällt uns sehr.

Wir haben keine Freunde von anderen Stützpunkten, denn unsere Basis ist die einzige, auf der Familien leben. Alle, die hier sind, bleiben eine begrenzte Zeit. Höchstens zwei Jahre.

Bevor wir uns verabschieden, möchten wir um Entschuldigung bitten, dass wir so spät geantwortet haben. Wir mussten erst so vielen anderen Freunden schreiben. Wir wollen aber unbedingt wissen, ob Sie diesen Brief bekommen haben!

Chaooooo!"

Schwerpunkt · KINDER

Ende der Kindheit

Text: Eckart Goebel   Fotos: Markus Milde

Die Psychoanalyse nennt das große Ereignis einigermaßen trocken einen „Libidoschub". Was sich während der Pubertät abspielt, ist ein Drama im Seelenleben des jungen Menschen, dessen Gewalt das Selbst einer schonungslosen Prüfung unterwirft.

Eine reine Männergesellschaft, in einer Seekadettenschule etwa oder auf einem Schiff, verschärft das Problem der Identitätsfindung. Zärtlichkeit wird hier offiziell als weibisch verachtet; von den jungen Männern werden Härte, Kraft und Mut erwartet. Auf See herrschen strenge Regeln und Hierarchien; die Erfahrung von Naturgewalten, existenzielle Ängste und die Entfernung von der Vertrautheit der Familie verursachen Einsamkeit und Heimweh.

Neben diesen Extremerlebnissen müssen die Jungen die Verstörungen der Pubertät selbst bewältigen. Das Zusammenschießen der prägenitalen Regungen zu genitalen Gefühlen und Objektvorstellungen, das wüste Aufflammen dessen, was Schopenhauer den „Brennpunkt des Willens" nannte, ist begleitet von einer Schwindel erregenden psychischen Achterbahnfahrt. Extremer Idealismus wechselt mit atemberaubender Gefühlsroheit, wilde Triebhaftigkeit und Aggression schlagen um in verletzliche Zartheit und die berühmte „Pubertätsaskese".

Zugleich ist diese Phase ein Zeitabschnitt der Illuminiertheit. Die Psychoanalytikerin Anna Freud hat den Respekt vor der „Weisheit" der Pubertierenden gelehrt: Die Auseinandersetzung zwischen wachsendem Triebanspruch und sich stabilisierendem Erwachsenen-Ich steigert die intellektuellen Fähigkeiten immens.

Nicht wenige Menschen haben wohl ihren persönlichen Höhepunkt in der Pubertät erreicht, denn am Ende dieser Zeit steht meist das Akzeptieren dessen, was Philosophen maliziös die „Realitätsillusion" nennen. Geglaubt wird an das, woran alle glauben; für die Wirklichkeit wird gehalten, was allgemein dafür gilt. Der Rest ist Verdrängung der jugendlichen Einsichten oder das Streben, wieder auf dieses Niveau zu gelangen. Kein Wunder also, dass so viele große Texte der Weltliteratur Pubertätsromane sind. Wenn man Goethe oder Thomas Mann glaubt, sind Dichter Menschen, die niemals wirklich aus der Pubertät herauskamen.

Der Schiffsjunge hat im maritimen Roman einen ebenso exponierten Platz wie der Kapitän und der Koch. Aus psychologischer Perspektive wahrgenommen, bilden sie das Dreieck Vater, Mutter, Kind. Beobachtet von der Mannschaft, geschützt oder gefoppt, entwächst der Knabe langsam seiner Kindheit oder wird durch eine Initiation in die Erwachsenenwelt aufgenommen. Danach ist er ein Mann unter Männern.

Die Bilder entstanden 1997 bis 1999 in Schulen der ukrainischen Handelsmarine in Odessa und Kherson

---

„Ich habe mein ganzes Leben zwischen vierzehn und zwanzig erlebt, als Seekadett, in eine Hängematte, eine Kabuse, ein Schiff eingesperrt. Damals wusste ich, wie jeder Seemann, nichts von der Welt. Nachher aber, als ich in die Welt kam, habe ich nichts mehr erlebt. Oder vielmehr, immer das Gleiche, immer wieder diese sechs Jahre persönlicher Einsamkeit, immer wieder diesen Inhalt von Erdachtem. Ich habe seither ein wildes Leben geführt, by Jove. Aber, von reifenden Ideen abgesehen, habe ich nichts Neues erlebt"
Slim in „Tropen" von Robert Müller, 1915

75

Schwerpunkt · KINDER

"Da wurde zweimal von außen gepocht. Georg Lauffer sprang auf, eilte nach der Tür, öffnete sie, packte den Küchenjungen und zog ihn zu sich herein. Der Geraubte widerstrebte, war aber gleich willenlos. Er ließ sich in der Mitte der Kammer aufstellen wie ein Gerät. Er fühlte sich betrachtet, und das tat ihm wohl, schmeichelte ihm, sodass er den Angriff für ungefährlich hielt. Unbewusst berief er sich auf den herausfordernden Stolz der Jugend, die zu verführen wünscht, ohne über die Anlockung hinaus bereit zu sein"
"Das Holzschiff" von Hans Henny Jahnn, 1949–51

Dr. Eckart Goebel, Jahrgang 1966, lebt als Literaturwissenschaftler in Berlin. In mare *No. 25 schrieb er über die Mitte des Mittelmeeres*

Markus Milde, Jahrgang 1972, lebt als freier Fotograf in Essen. Die Fotos sind Teil seiner Abschlussarbeit „Der Geruch des Meeres" an der Uni Essen. Sie entstanden während drei Jahren mit einer Großbildkamera. Dies ist seine erste Arbeit in mare

„Hab ich in meinem Leben nicht genug Jungs zum Dienst unter dem Roten Banner antreten lassen und zum Seemannshandwerk erzogen, dem Handwerk, dessen Geheimnis sich in einem einzigen Satz zusammenfassen lässt und das den Jungen doch Tag für Tag aufs Neue eingetrichtert werden muss, so lange, bis es Teil jedes Gedankens im Wachen und jedes Traums im Schlafen ist! Die See war gut zu mir, aber wenn ich an all die Jungen denke, die durch meine Hände gingen und von denen heute manche erwachsen sind und manch andere ertrunken, alle aber tauglich für die See – dann denke ich, ich habe meine Sache nicht schlecht gemacht. Kehrte ich morgen heim – ich wette, es vergingen keine zwei Tage, und irgend so ein sonnenverbrannter, junger Chief würde in einer Hafenschleuse an mir vorbeigondeln und mit seinem frischen, tiefen Bass auf meinen Hut herunterrufen: ‚Erkennen Sie mich nicht mehr, Sir? Was? Der kleine Soundso. Von diesem und jenem Schiff. War meine erste Fahrt.' Und dann fiele mir wieder ein verwirrter Milchbart ein, nicht höher als die Sessellehne hier, und auf dem Kai vielleicht die Mutter oder große Schwester, sehr still, aber zu aufgeregt, um dem Schiff nachzuwinken …
Und das kleine willige Opferlamm wird noch vor dem nächsten Morgen sehr seekrank sein. Und wenn der Junge nach und nach all die kleinen Geheimnisse und das große Mysterium seiner Kunst kennen lernt, dann wird er tauglich sein für Leben oder Tod – ganz nach dem unergründlichen Beschluss der See"
Kapitän Marlow in „Lord Jim" von Joseph Conrad, 1899

Kindheit am Meer

Ob mit dickem Fell wie die Eisbären, ob mit Schnäbeln, Flossen oder Panzern: So verschieden die Bewohner der Ozeane aussehen, so verschieden sind auch die Bedingungen, unter denen ihre Jungen aufwachsen. Fische und Schildkröten pflegen ihre Brut überhaupt nicht, Seevogel-Eltern sorgen wochenlang für ihre Küken. Und Walmütter lassen ihren Sprösslingen sogar jahrelangen Unterricht angedeihen. mare zeigt Bilder aus der Kinderstube

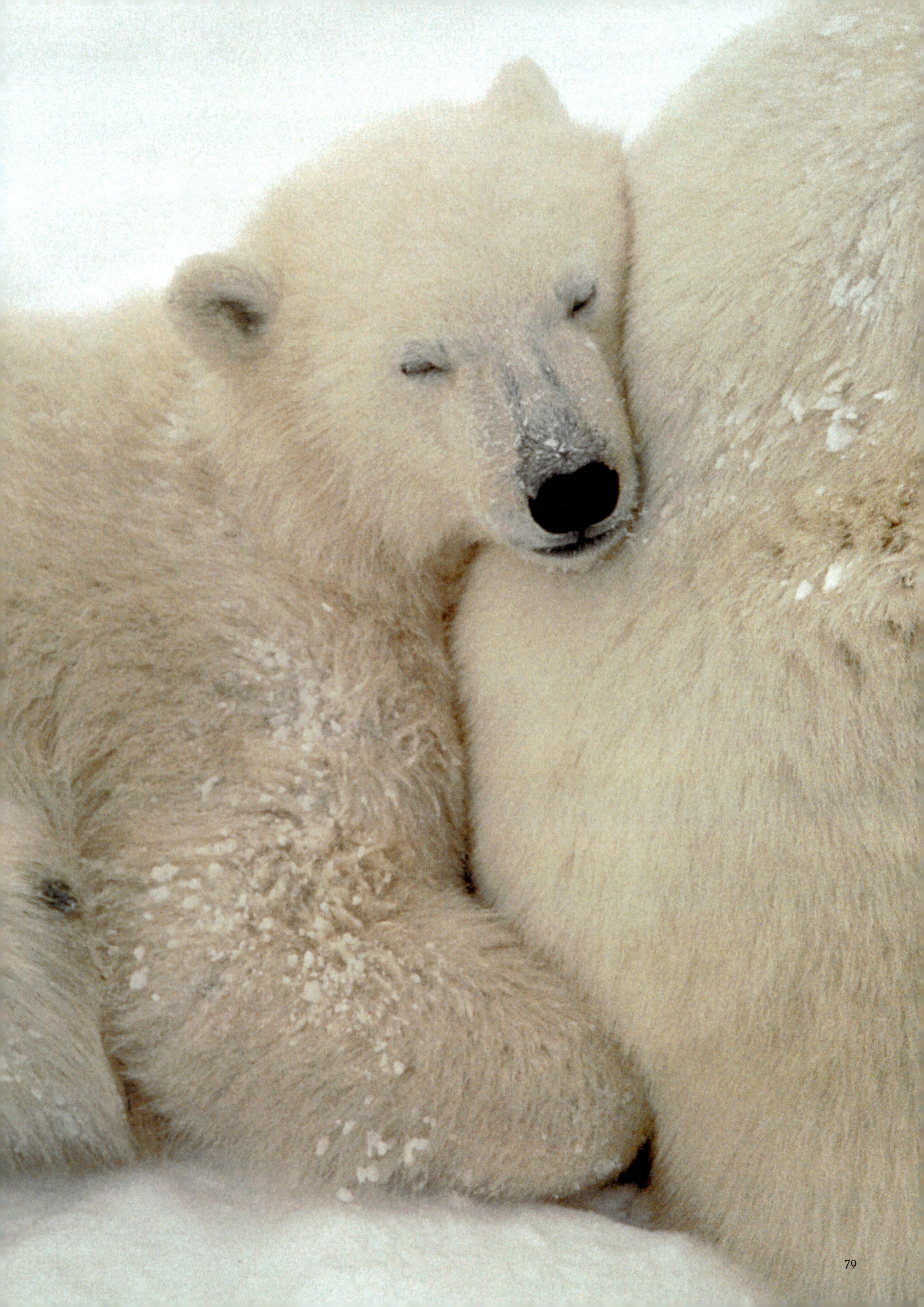

80

Die Küken von Pinguinen (links) oder Albatrossen (oben)
müssen als Erstes lernen, die Stimmen ihrer Eltern von denen
aller anderen Tiere in der Brutkolonie zu unterscheiden

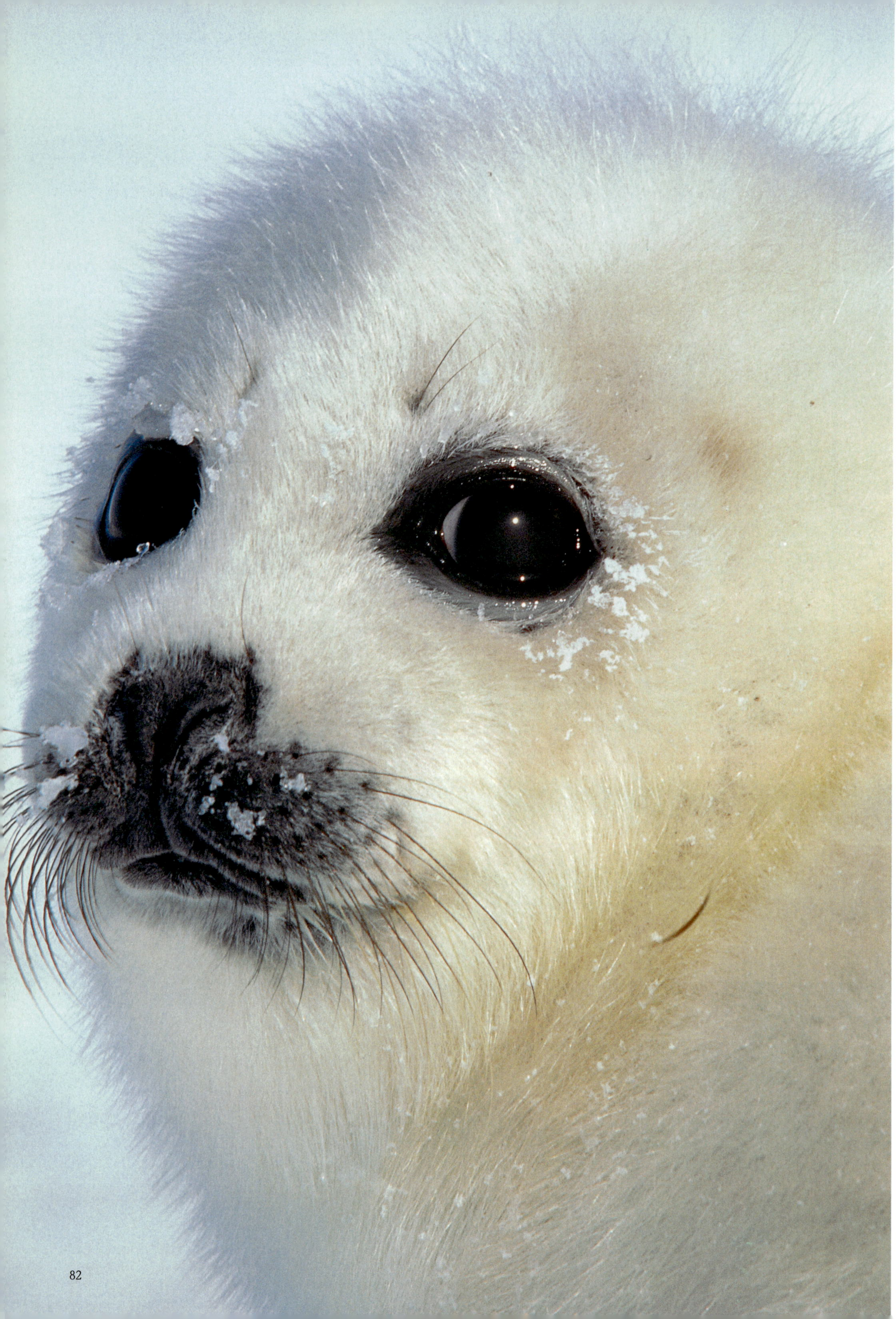

© Daniel J. Cox/Wildlife

Schwerpunkt · KINDER

GLÜCKSELIGKEIT IM UTERUS

Segeln ist infantil, behauptet die Autorin. „Aber nein!" rufen die Segler

Eine Polemik von Zora del Buono

ICH HABE SIE IMMER IN VERDACHT GEHABT: WIE SIE dasitzen und mit glänzenden Augen von ihren Erlebnissen erzählen, von Sonnenuntergängen, der endlosen Weite, den Stürmen und anderen Widrigkeiten, wenn sie von springenden Delfinen und der Einfahrt in nächtliche Yachthäfen schwadronieren, von der Freiheit und all den anderen berauschenden Lebensgefühlen, glauben sie tatsächlich, dass sie damit das Ausmaß ihrer Emotionen vollständig umschrieben haben. Was sie nicht glauben wollen, die Segler mit ihrer ledrigen Haut, ihrem gesunden Teint und den goldenen Härchen auf den sehnigen Armen, ist eigentlich so banal, dass es fast schon unverschämt ist: Es sind alles nur infantile Gefühle, pränatale Glückseligkeit. Ausgelöst durch ein einziges physikalisches Phänomen – das Schaukeln.

Zu banal? Ich habe es ausprobiert. Dies einen Selbstversuch zu nennen wäre übertrieben. Aber eine Erfahrung war es schon. Dabei war es noch nicht einmal eine schicke Yacht, die mich in einen kindlichen Zustand der Unbesorgtheit versetzte, und schon gar nicht ein bezauberndes Insel-Idyll in pazifischen Gewässern, sondern eine Viertagesfahrt auf einem abgehalfterten Containerschiff in der uninspirierendsten aller Gegenden: einer Wasserstraße auf der Nordsee.

Das ewige Neonlicht war grauenvoll, der Geruch von Öl – Maschinenöl und mehrfach gebrauchtes, durchdringend stinkendes Fett in der Kombüse – penetrant, die Apathie der heimwehkranken und unterbezahlten kiribatischen Matrosen deprimierend. Von Seefahrerromantik konnte keine Rede sein.

Sicher, die ganze Atmosphäre hat mich aufgewühlt. Die Gewalt der Maschine, ihr ununterbrochenes Vibrieren, der Blick von der Brücke hinunter auf das lange, schlanke Schiff, das offene Meer vor mir, das hysterische, kühle Tuten der Sirene während des nächtlichen Motorschadens, die bunten Container, der Gedanke an ihren unbekannten Inhalt, all das lässt einen nicht kalt. Aber da war noch mehr.

Denn nach einem halben Tag setzte etwas ein, was ich bislang so nicht kannte: eine schnell sich ausbreitende Bedürfnislosigkeit, eine Reduktion auf das Allernotwendigste: Liegen, Gucken, Essen, Schlafen. Liegen, Gucken, Essen, Schlafen.

Am zweiten Tag ging es so weiter, nur dass ich auch noch die ästhetischen Ansprüche an mich selbst und die Umwelt auf ein Minimum herunterschraubte: Schminken? Haare kämmen? Wozu? Das Licht über dem Spiegel in der kleinen Dusche, die ich mit einem dicken Polen teilte, der gerne mal die Klospülung zu betätigen vergaß, war alles andere als vorteilhaft. Aber Anlass zur Verzweiflung war das nicht. Ich lag nachts wie ein zufriedenes Baby in meiner ärmlichen Kabine, schaute an die Decke, rötliches Licht schimmerte durch die Fensterluke herein, ich hörte ferne Stimmen und war dick und warm in meine Decke gemummelt. Es schaukelte sacht, in der zweiten Nacht stärker, ich ging mit der Bewegung mit, hin und her, hin und her.

Am dritten Tag sah ich aus wie alle anderen: im immergleichen Sweatshirt mit Fettflecken der Pommes von vorgestern drauf, und das ohne alle Scham. Kindern ist es völlig gleichgültig, ob ihre Hemdchen dreckig sind. Mir war es das auch.

Nach meiner Reise stieß ich auf Untersuchungen, die meine Vermutungen bestätigten, Segeln mache blöd und anspruchslos – oder netter gesagt: zufrieden und frühkindlich selbstgenügsam.

Das berauschende Lebensgefühl der Segler kommt vom Schaukeln, hin und her, hin und her...

Das Geheimnis liegt im Innenohr. Die Stimulation des Gleichgewichtsorgans löst Glücksgefühle aus und lässt die körperliche Entspannung eintreten. In Deutschland schicken Psychologen depressive Patienten auf Segeltörns, und die Universität von Rochester in den USA veröffentlichte letztes Jahr eine Studie über die positive Wirkung von ausgiebigem Schaukeln. Die Insassen eines Alterspflegeheims waren die Probanden, der gewöhnliche Schaukelstuhl das Mittel der Untersuchung. Depressionen, Wut, Angstzustände reduzierten sich erheblich. Alte Menschen, deren Verzweiflung über ihre Situation so groß war, dass sie Stunden weinend in einem gewöhnlichen Stuhl saßen, weinten 70 Prozent weniger, wenn sie sich in einen Schaukelstuhl setzten. Diese Wirkung tritt allerdings nur ein, wenn täglich mehr als 80 Minuten geschaukelt wird.

Seit Ewigkeiten wird das so gehandhabt: Das Nichtgeborene wird im warmen Fruchtwasser durch die Welt geschaukelt, das Baby liegt in der Wiege, das Kind schwingt auf dem Schaukelpferd hin und her. Die Kindheit – ein einziger großer Schaukelstuhl. Erst im Alter erinnert man sich wieder an die satte Zufriedenheit der Kindertage, und die klugen Alten sitzen strickend, lesend oder sinnierend in ihren Schaukelstühlen. Alle sind dabei wunschlos glücklich.

Segeln ist infantil – aber das macht nichts. Wenn sie's denn nur zugeben würden, die Segler.

Die Autorin ist mare-Kulturredakteurin

Schwerpunkt • KINDER

Streit um die Panade

Kinder essen gerne Fisch – aber nur in rechteckiger Form. Fischstäbchen stehen in der Kritik, aber sie sind besser als ihr Ruf

Text: Beate Schümann
Food Styling: Olga, zwei Jahre

FISCHE SIND EKLIG. „IM MEER – okay. Aber nicht auf meinem Teller", stöhnt Philipp. Das finden alle in der Runde. Fisch stinkt, hat Gräten, glitschige Haut und schmeckt einfach nicht. Dass die fünf Freunde trotzdem kräftig zulangen, liegt an einem raffinierten Zaubertrick: Der Fisch hat sich verwandelt; er ist durch eine krosse Krümelkruste unsichtbar geworden – und zum Fischstäbchen mutiert. Im Nu haben sie die Dinger verputzt.

Philipp (12) und Jan (11) lieben die Panade. Der Rest ist total egal. Sebastian (11) geht es ähnlich, auch wenn er argwöhnt, „dass da Chemie gegen den Fischgeschmack drin ist." Felix (11) gefällt, dass sie so schön nicht nach Fisch schmecken, geometrisch und schnell fertig sind. Felix und Sebastian, die schon richtigen Fisch mit Haut und echten Gräten getestet und für akzeptabel befunden haben, ziehen die knusprigen Stangen auf alle Fälle vor.

Timmi mag keinen Fisch. Bei ihm landen nur Stäbchen im Magen, und die in Hochgeschwindigkeit. „Fischstäbchen, das ist so schön wie 100-mal Freizeitpark", schwärmt der Sechsjährige. Eine echte Lieblingsspeise, kommt gleich nach Spaghetti und Pizza. „Fischstäbchen sehen aus wie verlängerte und verbreiterte Pommes frites, und sie sind so schön orange", stimmt Timmi seine Laudatio an. Wenn er richtig hungrig ist, schafft er sieben Stück. Der Knüller aber ist, dass sie „so schön nach knusprigem Braten riechen".

„Mir tun die Fische Leid", platzt es aus der elfjährigen Toni heraus, weshalb sie nicht will, dass sie in der Pfanne landen. Selbst bei Fischstäbchen kam die Liebe erst auf den zweiten Blick. Überzeugt hat auch sie letztlich die krosse Kruste. Wählerisch ist sie geblieben: Für sie kommt nur eine der vielen Marken in Betracht.

Die großen Rätsel dieser Welt können mehr oder weniger als gelöst gelten, etwa, warum Kühe lila und Löcher im Käse sind. Warum aber sind Fische rechteckig?

Erstaunlich ist, dass Kinder Meerestiere noch so sehr zur Hölle wünschen – bei den frittierten Fischstreifen sieht die Welt plötzlich wie vergoldet aus. Volker Pudel, Professor für Ernährungspsychologie an der Uni Göttingen, hat hierfür eine Erklärung: „Fischstäbchen sehen nicht aus wie Fisch, riechen und schmecken nicht fischig. Sie haben eine eigene Identität. Das liegt wesentlich an der Panade, die fast die Hälfte des Fischstäbchens ausmacht." Die Hülle verscheucht jeden hässlichen Gedanken an Fisch und den Bezug zur Wirklichkeit. Und: Die Stäbchen sind außen knusprig, innen weich. Darauf fahren die Kids von heute ab. „Mouthfeel" nennt Pudel das, ein US-amerikanischer Begriff für das typische, oft von Food-Designern gesteuerte kindliche Ess-Erlebnis.

Könnten Kinder kochen, gäb's im Wechsel mit Pizza und Spaghetti alle paar Tage Fischstäbchen. Berufstätigen Müttern ist das recht, die Goldfinger sind schnell zubereitet. Noch ein stechendes Argument: Niemand muss fürchten, dass der kleine Liebling an einer Gräte erstickt.

Viele halten den Fischimbiss auch für einen brauchbaren Einstieg in den Fischkonsum und damit zur gesünderen Ernährung. Doch es gibt auch vernichtende Urteile: unästhetisch, geschmacksneutral, in puncto Ernährung indiskutabel, zu viel Panade, zu fett, Verlust von Esskultur.

Dabei brauchen sich ernährungsbewusste Mütter bei den rechteckigen Krustentieren keine grauen Haare wachsen zu lassen. Der Fisch liefert hochwertiges Eiweiß, lebenswichtige Fettsäuren, Vitamine und Mineralstoffe. „Seefisch ist einer der besten Jodlieferanten," erklärt Monika Erdmann von der Deutschen Gesellschaft für Ernährung in Frankfurt. Sie rät zu mindestens einem Fischtag pro Woche.

„Fischstäbchen haben zwar durch die Panade ein Vielfaches an Fett", rügt die Ökotrophologin. Frittierte Stäbchen bringen 200 Kilokalorien und zehn Gramm Fett pro 100 Gramm, bei frischem Seelachs sind es nur 80 Kilokalorien und ein Gramm Fett. Und aus ernährungsphysiologischer Sicht könnten sie vom Speiseplan verschwinden. „Bevor es aber gar keinen Fisch gibt, lieber doch Fischstäbchen", resümiert Erdmann.

An der goldbraunen Knusperpanade scheiden sich manche Geister. „Wenn im Fischstäbchen 65 Prozent Fisch enthalten sind, heißt das, die Panade macht 35 Prozent aus. Das ist fast ein Kuchen, nur statt mit Erdbeeren mit Seelachs", meint Udo Pollmer, Lebensmittelchemiker aus Heilbronn. Er hält die Bestimmungen des Lebensmittelgesetzes für watteweich. Der Fischanteil ist im Deutschen Lebens-

Schwerpunkt · KINDER

mittelbuch, einem Anhang zum Gesetz, auf zwei Drittel festgelegt, aber er ist nicht zwingend vorgeschrieben. Und wer blättert schon die Panade vom Fisch und legt sie auf die Waage? Der Gesetzgeber hat nicht einmal etwas einzuwenden, wenn der Fischbrei nur 25 Prozent beträgt.

Was das Fett angeht, findet Pollmer Fischstäbchen nicht besser oder schlechter als etwa Rollmöpse. „Es ist experimentell belegt, dass die meisten Kinder in der Ernährung biologisch kompensieren. Sie gleichen automatisch aus, was zu viel oder zu wenig war." Der Ruf des Fischstäbchens als Fettträger sei daher zu Unrecht schlecht. Diverse Fischimbisse haben weitaus mehr Fett, etwa Bismarckhering mit 16 oder Lachs in Öl mit 23 Gramm.

Fischstäbchen sind kein Produkt aus der Wundertüte. Die 30 Gramm schweren, zirka neun Zentimeter langen, 2,6 Zentimeter breiten und 1,3 Zentimeter dicken Sticker mit frittierter Hülle enthalten hundertprozentig reines Fischfilet von weißfleischigen, fettarmen Seefischen, Panierbrösel mit Gewürzen, pflanzliches Öl, Weizenmehl, Stärke, Salz und natürliche Aromen, zum Beispiel Pfefferaroma. Von den drei großen Herstellern Unilever, Frosta und Pickenpack bietet jeder rund zehn verschiedene Marken an. Qualitätsschwankungen sind laut Bundesforschungsinstitut für Fischerei in Hamburg relativ gering. Im Dezember 1999 prüfte die Stiftung Warentest die sieben bekanntesten Marken und sah bei keiner Anlass zu Beanstandungen.

Erfunden wurden die goldgelben Fischfinger Mitte der 50er Jahre in der britischen Firma Birds Eye Wall's, eine Tochter des Nahrungs- und Waschmittelriesen Unilever, die Fischstreifen mit Panade ummantelt auf den Markt brachte. Der Erfolg brachte die Fischstäbchen 1959 in deutsche Geschäfte, seit 1963 unter dem Namen Iglo. Mit Käpt'n Iglo entwarfen die Produktmanager ein Markenzeichen, das in der Kindheitserinnerung vieler Erwachsener noch heute großen Raum einnimmt. Zunächst sprach der sympathische bärtige Seemann in der goldbetressten Uniform das sorgende Mutterherz an. Schließlich aßen die lieben Kleinen damals noch, was auf den Tisch kam. Doch die Zeiten änderten sich und mit ihnen die Werbung, als die kleinen Terroristen zu bestimmen begannen, was auf dem Speisezettel steht.

1985 stach Käpt'n Iglo erstmals in See, um auf der Suche nach dem saftigen Seelachs mit seiner selbstbewussten Kindertruppe auf den Weltmeeren Abenteuer zu bestehen. Für die Youngster war er fortan Anführer und Beschützer, für die Mütter Vertrauensperson für die Auswahl bester Rohware.

Weil Abenteuer à la „Schatzinsel" bei den frühreifen Kids nicht mehr ziehen, änderte sich die Werbung 1998 erneut: Der großväterliche Bart kommt ab. Action ist gefragt. Ein jugendlich-dynamischer Sonnyboy kämpft mit der Piranha-Gang nicht mehr gegen Piraten, sondern gegen furchteinflößende Gestalten, die mit allen technischen Tricks hinter das Geheimnis der köstlichen Fischstäbchen zu kommen versuchen. Auch das Segelschiff ist eingemottet, ersetzt durch ein Hightech-Hai-Mobil. Käpt'n Iglo ist ein Gleichgesinnter, ein Freund geworden. Der fesche Seebär hat Unilever zum größten Vertreiber von Tiefkühlfisch gemacht.

Doch das krosse Fischstäbchen schnappt nach seinen Ressourcen. Während im Einführungsjahr auf dem deutschen Markt 542 Tonnen Fischstäbchen verkauft wurden, ist es nach Berechnungen der Fischwirtschaft heute fast die hundertfache Menge. Anders ausgedrückt: Heute essen deutsche Konsumenten mehr als zwei Milliarden Fischstäbchen im Jahr, pro Kopf also knapp 25. Damit ist das Fischstäbchen das mit Abstand beliebteste tiefgekühlte Fischerzeugnis – aber auch eine bedrohte Spezies, weil seine Herstellung manche Fischart selbst bedroht.

Täglich ziehen die Hightech-Froster mehrere Tonnen Fisch aus dem Meer, der gegen Echolot und Hochgeschwindigkeit keine Chance hat. Zuerst verschwand der Kabeljau aus der Panade. Die Tiefkühlkost-Produzenten wichen auf Köhler aus, ein hässlicher Name, weshalb die Marketingstrategen ihn in „Seelachs" umtauften. Wieder meldeten die Fischer Schwund. Da stellten sie dem Alaska-Pollack nach, der ebenfalls einen klingenderen Namen erhielt: Alaska-Seelachs. Nach ihm steht nun der Seehecht auf der Abschussliste.

Die Tiefkühl-Fischanbieter sehen die Leere der Meere mit Schrecken. Denn ohne Fisch keine Stäbchen. Seit einigen Jahren werben sie damit, dass sie das Naturprodukt nur verarbeiten, wenn seine Bestände gesichert sind. Das könnte helfen, auch den Verbrauchern klar zu machen, dass auch eckige Fischstäbchen aus dem Meer und nicht aus der Pfanne kommen. ∞

Beate Schümann, wuchs als 1955 geborene Hamburgerin in der Frühzeit der Fischstäbchen auf. Heute lebt sie als freie Journalistin und Reisebuch-Autorin in Schwerin. In mare *No. 5 beschrieb sie den „Leuchtturm am Ende der Welt" in Portugal*

Schwerpunkt · KINDER

SCHATZTRUHE

Fundstücke aus Kunst- und Kulturgeschichte

Der 1963 in Bern geborene M. S. Bastian eröffnet seinen Kunstband „It's a wonderful world" mit der Unterzeile „For Ages 3 And up" – „ab 3 Jahre". Astrid Lindgrens „Pippi Langstrumpf geht an Bord" ist Kinderfantasie pur. Sich als Erwachsene so sehr in die Erlebniswelt von Kindern einfühlen kann nur, wer auf sein „inneres Kind" hört. „Das innere Kind" ist ein Begriff aus der Psychoanalyse; gemeint sind die Gefühle, Wünsche und Ängste der eigenen Kindheit, die es ins Erwachsenenleben zu integrieren gilt. Künstler wie Bastian und Schriftstellerinnen wie Lindgren haben die Wahl getroffen, das eigene Kindsein ins berufliche Leben hinüberzuretten.

zdb

(Die Auflösung des Schatztruhen-Rätsels aus Heft Nr. 25 finden Sie auf Seite 131)

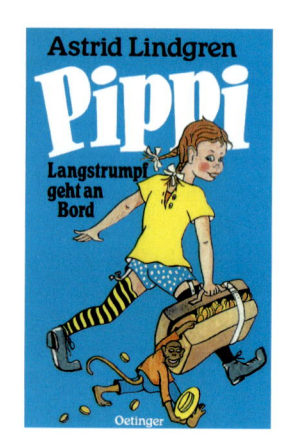

„Es war jammervoll, wie es stürmte", konnte Pippi sagen. „Sogar die Fische waren seekrank und wollten an Land gehen. Ich hab selbst einen Hai gesehen, der ganz grün im Gesicht war, und einen Tintenfisch, der sich mit allen seinen vielen Armen den Kopf hielt. Ach, ach, ach, was war das für ein Sturm!" „Hattest du keine Angst, Pippi?" fragte Annika. „Ja, denk bloß, wenn ihr Schiffbruch erlitten hättet!" sagte Thomas. ...

„Fünfzehn Gespenster auf des toten Mannes Kiste – Johoho und die Flasche voll Rum", sang Pippi wieder mit ihrer heiseren Stimme. „Pippi, mir wird so komisch zumute, wenn du so was singst", sagte Thomas. „Es ist unheimlich und herrlich zugleich." „Ich finde es fast nur unheimlich", sagte Annika. „Allerdings – etwas herrlich auch!" „Ich geh zur See, wenn ich groß bin", sagte Thomas bestimmt. „Ich will Seeräuber werden, genau wie du, Pippi." „Prima", sagte Pippi. „Der Schrecken des Karibischen Meeres, das wollen wir beide werden, Thomas. Wir rauben Gold und Juwelen und Edelsteine, und tief drinnen in einer Höhle haben wir ein Versteck für unsere Schätze, auf einer unbewohnten Insel im Stillen Ozean, und drei Gerippe, die die Höhle bewachen. Und eine Fahne haben wir mit einem Totenschädel drauf und zwei gekreuzten Knochen, und dann singen wir ‚Fünfzehn Gespenster', sodass man es von einem Ende des Atlantischen Ozeans bis zum andern hört, und alle Seefahrer werden ganz blass, wenn sie uns hören, und überlegen, ob sie sich nicht ins Meer stürzen sollen, um unserer blutigen, blutigen Rache zu entgehen!" „Ja, aber ich?" fragte Annika klagend. „Ich trau mich nicht, Seeräuber zu werden. Was soll ich denn machen?" „Ach, du kannst auf alle Fälle mitkommen", sagte Pippi, „und das Klavier abstauben." ...

„Heute müssen wir wieder nach Hause", sagte Thomas am nächsten Morgen traurig. „Das ist richtig gemein", sagte Annika. „Ich möchte den ganzen Sommer hier bleiben. Aber heute kommen Papa und Mama nach Hause." ...

„Hoffentlich kommen wir vor Papa und Mama nach Hause", sagte Annika, als sie im Boot saßen und Pippi mit kräftigen Ruderschlägen landwärts ruderte. „Sie würden sich solche Sorgen machen!" „Das glaub ich nicht", sagte Pippi. ...

Aber Herr und Frau Settergren kamen eine halbe Stunde vor den Kindern nach Hause. Kein Thomas und keine Annika waren zu sehen. Aber im Briefkasten lag ein Zettel, und auf dem stand:

GLAUBEN SIH NUHR NICH, DÄS IEHRE KHE KIENDER DOHD SIN OHDER FÄRSWUNDEN, DEN DAZZ SIEND SIH NIECHT. NUR EIN BIESSCHEN SCHIFBRIECHICH UNND KOMEN BALT NACH HAUSSE, DRAUF KA= HN IECH SCHWÖHREN.

GRIESSE FON PIPPI.

Schwerpunkt · KINDER

M.S. Bastian
(For Ages 3 And up)

Schwerpunkt · KINDER

Wie ein Fisch im Wasser

Babys machen während der Schwangerschaft die Etappen der Evolution noch einmal durch – vom Meer ans Land. Kiemen und Schwimmhäute verlieren sie wieder. Den Tauchreflex nicht

Von Helmut Broeg

GANZ ENTSPANNT LIEGT DER drei Monate alte Julius in den Händen seiner Mutter, die ihn sanft durch das warme Wasser eines Schwimmbads schaukelt. Seine kurzen Beine paddeln vor sich hin, die zarten Hände öffnen und schließen sich, als wollten sie das feuchte Medium „begreifen". Dass dies sein erster Besuch beim Babyschwimmen ist, merkt man ihm nicht an; er benimmt sich, als sei er hier zu Hause. Neugierig betrachtet er die Lichtreflexe auf der Wasseroberfläche, lauscht den Worten der Kursleiterin Riki Baumgart und seiner Mutter. Die freut sich über ihren vergnügt planschenden Sohn.

Viele Säuglinge haben während der ersten Monate ein erstaunlich positives Verhältnis zum Wasser. Wenn sie etwas davon ins Gesicht bekommen, schreien sie meist nicht. Das unterscheidet sie deutlich von Kleinkindern, die phasenweise eine rigorose Abneigung gegenüber Wasser haben – vor allem, wenn es ums Haare waschen geht. Das wasserscheue Verhalten, das auch mit Trotz zu tun hat, vergeht spätestens beim nächsten Strandurlaub.

Falls ein Baby während des Schwimmkurses aus Versehen einmal untertaucht, müssen die Eltern keine Angst haben, dass es Wasser schluckt. Bis zum Alter von sechs bis acht Monaten sind Säuglinge durch den so genannten Atemschutzreflex geschützt: Kommt Wasser ins Gesicht, löst das eine Art Schreckreaktion aus; der Kehlkopfdeckel verschließt die Luftröhre und verhindert, dass Wasser in die Lungen gelangt. In manchen Babyschwimmkursen wird dieser Reflex durch Anpusten oder Anspritzen des Gesichtes ausgelöst.

Der Säugling kann sogar gefahrlos tauchen. „Das sollte jedoch nicht gegen den Willen des Kindes geschehen", sagt Lili Ahrend von der Sporthochschule in Köln. Im Auftrag des Deutschen Schwimmverbandes hat sie ein spezielles Ausbildungs-

Für kurze Zeit ähnelt der Embryo mehr einem Fisch als einem Menschen

programm für Babyschwimmlehrer entwickelt. „Die Kursleiter müssen erkennen können, ob ein Kind die Bereitschaft zum Tauchen zeigt."

Das geht nicht von heute auf morgen. Durch Übergießen des Kopfes mit einem Becher Wasser werden die Kleinen dabei langsam ans Untertauchen gewöhnt. Der Wasserschleier vor dem Gesicht löst den Atemschutzreflex aus. Bleibt das Kind dabei entspannt, können die ersten Tauchversuche unternommen werden.

Neben dem Atemschutzreflex gibt es beim Kind – und auch beim Erwachsenen – noch eine weitere Anpassung an das nasse Element: den Tauchreflex. Sobald der Oberkörper unter Wasser ist, sinkt die Herzschlagfrequenz um etwa zehn Prozent ab. Dieser Reflex ist ansonsten ein typisches Merkmal von Tieren, die im Wasser leben. Bei Walen und Robben dient dieser Mechanismus dazu, Energie zu sparen – so können sie länger tauchen, bevor sie zum Luft holen an die Wasseroberfläche zurück müssen.

Dass der Mensch als Landlebewesen mit dem Tauchreflex ausgestattet ist, gibt den Anhängern der umstrittenen Wasseraffen-Hypothese Auftrieb. Sie besagt, dass es für die Urahnen des Homo sapiens vor etwa acht bis 12 Millionen Jahren eine Entwicklungszeit im Wasser gegeben haben könnte. Das war in der evolutionären Phase zwischen Baum bewohnenden Affen und den ersten Vorfahren des Menschen, die auf zwei Beinen liefen.

Immerhin hat jeder Mensch vor der Geburt einmal ein Stadium durchlaufen, das an ein Wasserlebewesen erinnert. Vier Wochen nach der Befruchtung ähnelt der Embryo äußerlich mehr einem Fisch als einem Menschen: Er besitzt dann mehrere Kiemenspalten und einen Schwanz. Beide Merkmale sind bis zur sechsten Woche wieder verschwunden. Diese Eigentüm-

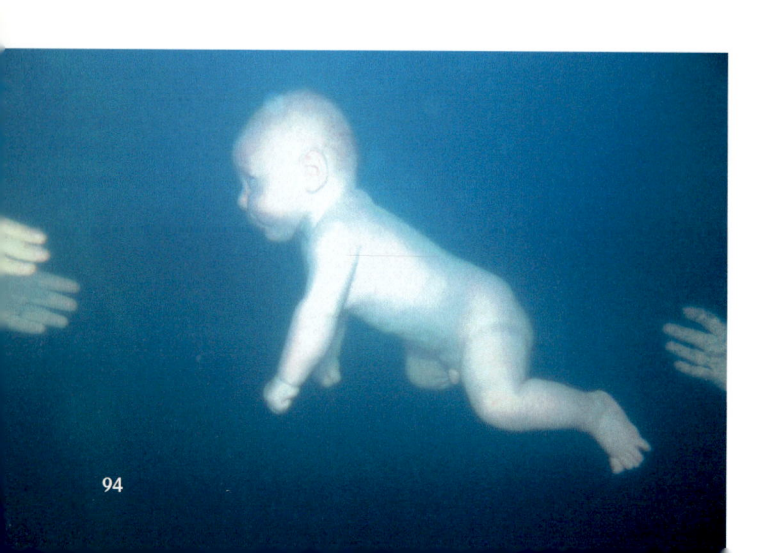

Als wäre er in seinem Element:
Ohne Angst bewegt sich der Junge unter Wasser

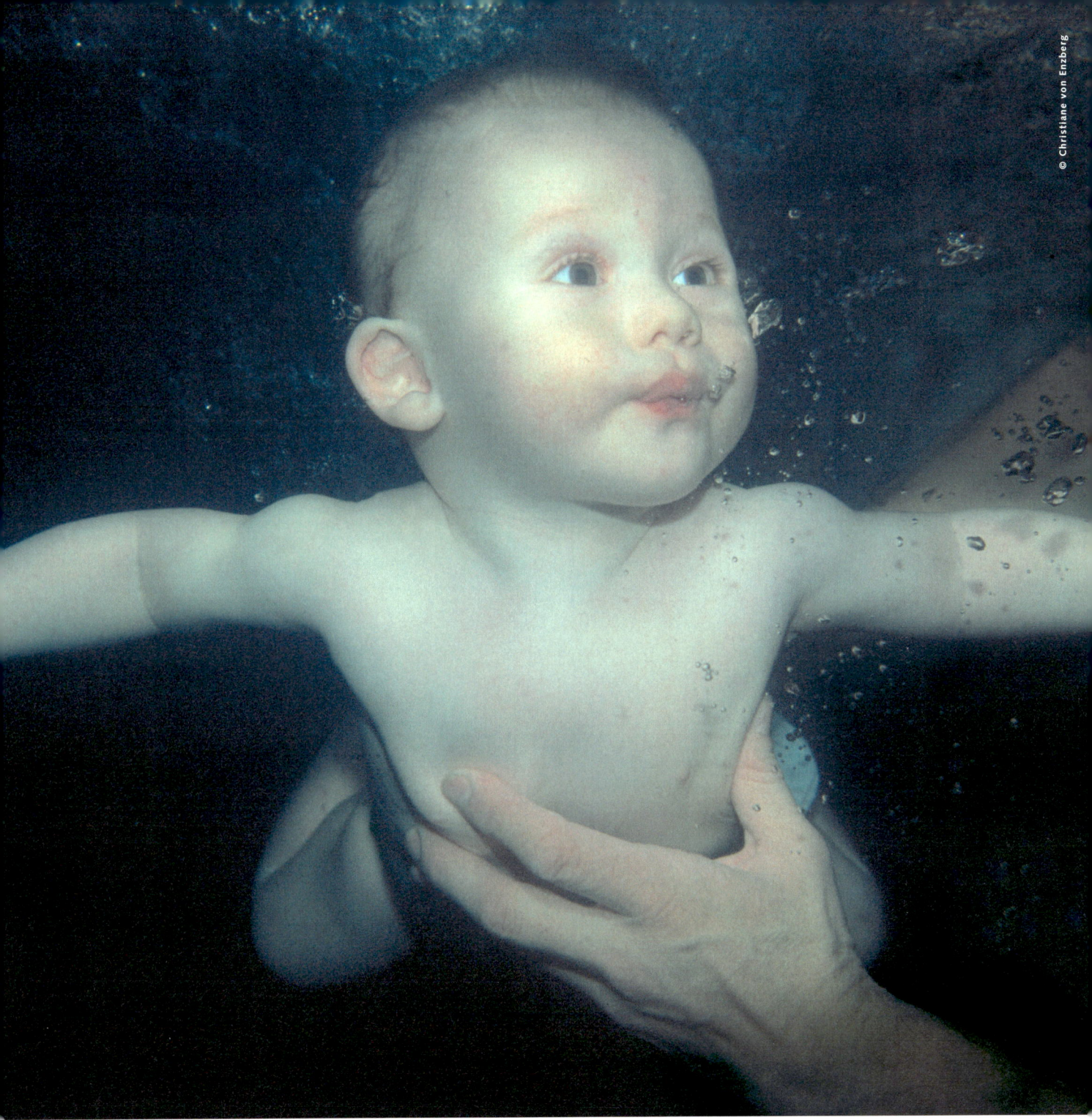

Angeborene Tauchtechnik: Das Baby hat die Augen weit geöffnet und atmet sogar unter Wasser aus

Ozeanische Erinnerungen: Neun Monate lang entwickelt sich der Mensch in einer Art Mini-Aquarium

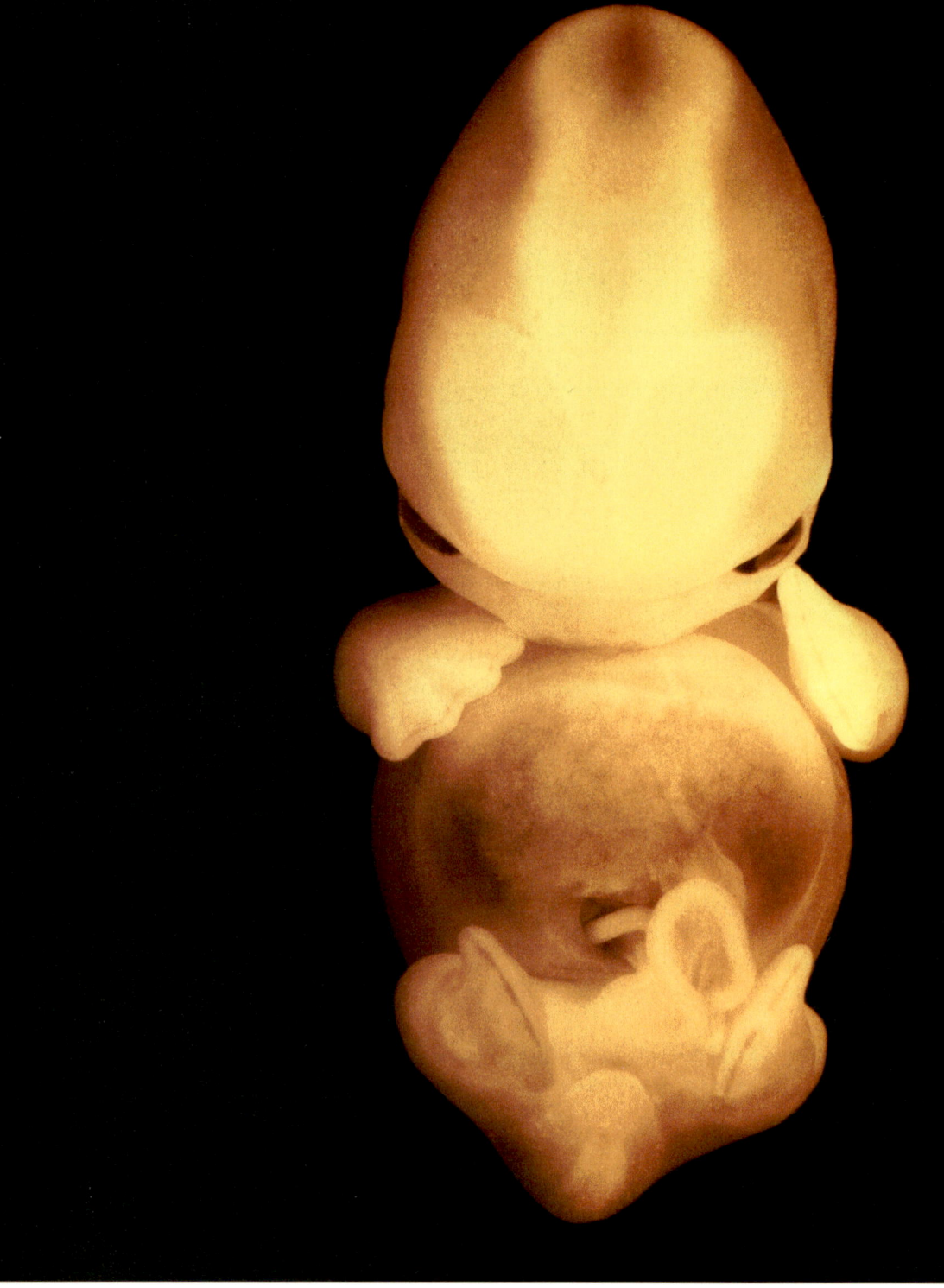

Wie kleine Flossen sehen die Hände und Füße bei einem sechswöchigen Embryo aus

Manchmal kommen Kinder mit
einer offenen Stelle am Hals
zur Welt: mit einer „Kiemenspalte",
die sich nicht geschlossen hat

Schwerpunkt · KINDER

lichkeiten, die Zoologen schon zu Beginn des zwanzigsten Jahrhunderts aufgefallen waren, gilt für alle Wirbeltiere: Egal ob sie im Wasser oder an Land leben, als Embryonen machen sie diese Kiemenphase durch. Vor dem Hintergrund von Darwins Werk über die Entstehung der Arten, das 1858 erschienen war, fragten sich Wissenschaftler vor rund 100 Jahren, ob die Evolution sich in jedem Lebewesen aufs Neue vollziehe.

Der deutsche Zoologe Ernst Haeckel fasste diese Vermutung schließlich als „biogenetisches Grundgesetz" zusammen: Die Ontogenese ist die verkürzte und schnelle Rekapitulation der Phylogenese. Zu Deutsch: in der Embryonal-Entwicklung wiederholen sich einzelne Kapitel aus der Evolution.

Manchmal verläuft die Entwicklung vom „fischähnlichen" Stadium zum Menschen nicht perfekt. Dann kommen Babys mit einer offenen Stelle am Hals auf die Welt, der so genannten Fistel. Sie ist nichts weiter als eine jener vorgeburtlichen Kiemenspalten, die sich nicht geschlossen hat. Evolutionsbiologen bezeichnen solche anatomischen Auffälligkeiten als Atavismen, „evolutionäre Rückschläge". Zu ihnen zählen auch das Vorhandensein von mehr als zwei Brustwarzen oder eine verlängerte Wirbelsäule, die in einem kleinen Schwanz ausläuft.

Zwischen dem Babyspeckalter und den ersten Ansätzen des Wohlstandsbauchs offenbart ein Blick in den Spiegel noch ein weiteres Merkmal unserer Fischahnen: den Waschbrettbauch. Was sich auf der Bauchdecke als kleine Muskelportionen abzeichnet, ist die in Paketen angeordnete Körpermuskulatur, wie sie schon bei dem primitivsten Vorfahren der Wirbeltiere auftrat: dem Lanzettfischchen.

Wasser ist bei der Entwicklung von Landwirbeltieren unverzichtbar. Die Eier von Vögeln und Reptilien sind eine Art Mini-Aquarium, in dem die Jungen reifen. Säugetiere wie der Mensch schleppen ihre Embryonen samt Wasser bis zur Geburt mit sich herum.

Die prall gefüllte Fruchtblase erfüllt wichtige Funktionen: Sie schützt den Fötus vor Stößen und lässt ihm Strampelfreiheit, um seine Muskeln zu trainieren. Das Fruchtwasser überträgt die mütterliche Stimme auf das sich ausbildende Gehör und versorgt den Fötus neben der Nabelschnur mit zusätzlichen Nährstoffen. Ein menschlicher Fötus beginnt etwa ab der 14. Schwangerschaftswoche davon zu trinken; dadurch erhält er Eiweißverbindungen, Zucker und Spurenelemente sowie Natrium-, Kalium- und Kalziumsalze.

Nach neun Monaten endet die Zeit der Schwerelosigkeit. Mit seinem ersten Atemzug vollzieht das Neugeborene den wichtigsten Schritt zum Landleben. Die Erfahrung, dass Geburten im Wasser angenehmer sein können als „an Land", haben die Ägypter schon vor Tausenden von Jahren gemacht. Heutzutage sind eine Reihe von Ärzten und Hebammen davon überzeugt, dass der Übergang ins luftige Element bei Wassergeburten für das Baby weniger abrupt sei. Warmes Wasser löst zudem die Anspannung bei der Mutter und vermindert das Schmerzempfinden. Immer mehr Kliniken bieten daher die Geburt im Becken an. Hebammen bringen auf Wunsch der Eltern sogar ein mobiles Planschbecken mit zur Hausgeburt.

Cornelia Enning aus Stuttgart, die sich selbst als Wassergeburtshebamme bezeichnet, führt regelmäßig Fortbildungen für Ärzte und Kolleginnen durch. Ihrer Meinung nach haben Kinder, die unter Wasser zur Welt kommen, gegenüber den anderen Altersgenossen einen deutlichen Entwicklungsvorsprung: „Die Babys nehmen bis zum Alter von fünf Monaten schneller zu und erfreuen sich einer besseren Motorik."

Auch nach der Geburt verlässt der Mensch den Ozean nie endgültig, er trägt ihn zeitlebens in sich. Etwa 70 Prozent des Körpergewichts eines Erwachsenen besteht aus Wasser, bei Kindern liegt der Anteil sogar höher. Ohne die im Körperwasser gelösten Salze, von denen viele auch im Meer vorkommen, könnten die Zellen überhaupt nicht funktionieren.

Die zahlreichen frühkindlichen Anpassungen ans Wasser nähren das Vorurteil, Kinder würden nicht seekrank. Walter Rojas, Arzt an der Uni-Klinik Aachen, erklärt dazu: „Es gibt keine organischen Gründe, warum kleine Kinder nicht seekrank werden sollen. Die komplexe Verschaltung von Nervenbahnen aus den Gleichgewichtsorganen und dem Magen ist schon angeboren." Deshalb wird manch einem Baby schon während der Autofahrt zum geliebten Schwimmbad speiübel.

Helmut Broeg, Jahrgang 1966, ist Biologe und lebt als freier Wissenschaftsjournalist in Hamburg. Seine beiden Kinder sind gegenüber Wasser geteilter Meinung: Die Tochter liebt es, der Sohn hält sich eher fern. Dies ist der erste Report des Autors für mare, *ein weiterer ist in dieser Ausgabe auf Seite 116 zu lesen*

Schwerelos im Fruchtwasser: ein fünfwöchiger Embryo, dessen Wirbelsäule noch zu einem Schwanz ausläuft (1), und ein Fötus im Alter von elf Wochen (2)

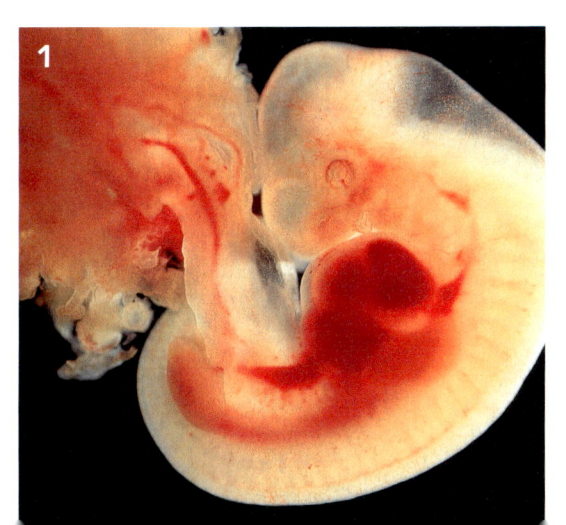

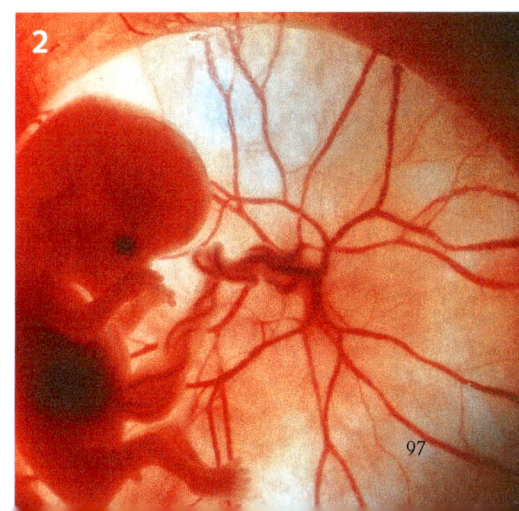

MEER FÜR

Ihr **mare Kennenlern-Abo**
können Sie ganz bequem mit der Postkarte
bestellen, die diesem Heft beiliegt. Sie erhalten
dann **3 Ausgaben für nur DM/sFr 28,– (öS 220)
statt DM/sFr 42,– (öS 330).** Oder Sie bestellen direkt
beim **mare**-Service: Postfach 88, D-77649 Offenburg,
Tel.: 0781/639-6810, Fax: 0781/639-6191,
E-Mail: service@mare.de

DEN KOPF:

mare
Die Zeitschrift der Meere

Schwerpunkt • KINDER

„Den ganzen Mund voll Salzwasser"

mare sprach mit fünf kleinen Meeres-Fachleuten. Sie mögen die See, solange kein Sägefisch oder Hammerhai in der Nähe ist

Interview: Ulli Kulke
Fotos: Stefan Pielow

mare: Würdet Ihr gerne am Meer wohnen?
Alle: *Jaaaaa.*
mare: Warum?
Jens: *Da müsste man nicht zur Schule.*
Svenja: *Man könnte da auch immer Boot fahren...*
Gina: *...und baden.*
Svenja: *Dann müsste man nie mehr was essen..., nee, ich meine, man müsste nie was zu essen kaufen. Man könnte immer angeln, und jeden Tag gibt's Fisch.*
mare: Esst Ihr denn so gerne Fisch?
Alle: *Nö, igitt.*
Aline: *Ich mag aber Fischstäbchen.*
Gina, Jens, Svenja, Fanny: *Ich auch!*
Jens: *Ich mag Fisch, aber wenn man jeden Tag Fisch isst, wird man krank.*
mare: Mögt Ihr vielleicht Krabben oder Tintenfische?
Alle: *Pfui Teufel, bä.*
mare: Wenn Ihr am Meer wohnen würdet, hättet Ihr da keine Angst? Vor Meerungeheuern?
Jens: *Es gibt keine Meerungeheuer.*
Svenja: *Mama und Papa haben das echt erlebt. Ich war da aber noch nicht auf der Welt. Mama saß mal am Ufer. Mit Beinen im Wasser. Wisst Ihr, was dann passiert ist? Da kam ein Tintenfisch und hat sich um ihren Fuß gehangelt.*
Fanny: *Und dann?*
Svenja: *Dann hat Mama den Fuß hoch gemacht und der ist hinter einem Stein verschwunden. Dann haben die den Stein aufgeklappt und der Tintenfisch ist schnell weg. Das haben die erlebt.*
mare: Ist denn ein Tintenfisch ein Meerungeheuer?
Alle: *Nein, natürlich nicht.*
mare: Was gibt es denn für Meerungeheuer?
Gina: *Quallen.*
Fanny: *In dem Kino mit Arielle, da mussten wir dreimal raus wegen dem Meerungeheuer. Immer wenn die Meerhexe kam, wollte ich nicht mehr. Aber draußen, wo die die Karten verkaufen, da war noch ein kleiner Fernseher, auf dem konnte man auch alles sehen, kleiner, und in grau.*
mare: Wollt Ihr mal im Meer tauchen?
Jens: *Ja, ich will mal auf so ein Boot, wo man Schätze sucht.*
mare: Was für Schätze findet man denn unten im Meer?
Gina: *U-Boote kann man da finden.*
Svenja: *Eine Schatztruhe.*
Fanny: *Gold.*
Svenja: *Geldstücke.*
Aline: *Ein verrostetes Boot...*
Fanny: *...wo wertvolle Sachen drin sind. Alte Teller, mit Gold...*
Jens: *Alte Kanonen, alte Segel.*
mare: Habt Ihr darüber Bücher gelesen?
Svenja: *Nö, das wissen wir halt.*
Gina: *Im Janosch-Heft waren da unten ganz viele alte Schuhe, und 'ne Mülltonne.*
Jens: *Ich weiß das aus dem Piratenbuch.*
Aline: *Das ham die ganz oft im Fernsehen erzählt.*
mare: Und was macht Ihr dann mit den Schätzen?
Aline: *Verstecken, mit nach Hause nehmen, und wenn dann ein Pirat kommt, schnell wieder ins Wasser schmeißen.*
Jens: *Ich würde das ins Museum bringen.*
mare: Manche Eltern fahren mit ihren Kindern auf einem kleinen Segelboot um die Welt, ganz lange. Wie fändet Ihr das?
Alle: *Ganz blöd, langweilig.*
Aline: *Da muss man immer Fische essen, und die ganze Zeit 'ne Schwimmweste tragen.*
Svenja: *Die ganze Zeit sitzen und sitzen.*
Gina: *Und angeln und angeln.*
mare: Aber man sieht doch auch ganz viele andere Länder.
Svenja: *Ja, man kann an Land rudern und fragen, ob man da schlafen darf und am nächsten Morgen weiterfahren. Aber statt mit 'nem Boot könnte man doch auch mit einem Flugzeug um die Welt fliegen.*
Aline: *Da muss man auch nur sitzen, sitzen, sitzen.*
Gina: *Und das saust auch immer 'n bisschen in den Ohren.*
mare: Wer um die Welt fährt, könnte auch nicht in die Schule gehen.
Aline: *Oh Gott, dann müssen wir alles wiederholen.*
Fanny: *Dann müssen die Eltern den Kindern alles beibringen.*
mare: Könnten die das denn?
Fanny: *Nein, ohne Schule mag ich nicht.*
mare: Was anderes: Wenn man am Meer steht, kann man ganz weit schauen. Aber irgendwo ist es zu Ende. Warum eigentlich?
Fanny: *Das ist der Horizont.*
mare: Aber warum kann man da nicht mehr weiterschauen?
Gina: *Weil das 'ne Kugel ist. Die geht so, und irgendwann geht's dann runter.*
Jens: *Man fällt aber nicht runter, weil die Anziehungskraft da ist. Die ist in der Mitte der Erde.*
mare: Und was ist hinter dem Horizont?
Fanny: *Vielleicht noch Meer.*
mare: Und hinter dem Meer?
Gina: *Das Ende der Welt. Von uns das Ende der Welt ist unser Zuhause.*
mare: Wie findet Ihr das so am Strand? Ist Euch das nicht zu sandig, zu dreckig?
Gina: *Das ist aber doch schön so.*
Svenja: *Wenn man aus dem Wasser kommt, hat man immer so viel Matsche an den Füßen.*
Aline: *In den Ohren ist das immer ganz schrecklich.*
Fanny: *Ich finde Salzwasser auch zu salzig.*
Aline: *Ich hatte mal den ganzen Mund*

voll Salzwasser, mir wurde richtig schlecht. Da sind doch tausend Liter Salz drin im Wasser.
mare: Warum ist das Meer eigentlich salzig?
Fanny: *Da hat einer 100 Millionen Tonnen ins Meer gekippt.*
mare: Wer könnte das gewesen sein?
Gina: *Frau Holle.*
Jens: *Herr Gott.*
Gina: *Frau Holle und Herr Gott.*
mare: Kann man Salz eigentlich auch riechen?

Alle: *Nein, das geht nicht.*
mare: Warum nicht?
Gina: *Weil das nicht geht. Leitungswasser und Sprutzelwasser kann man ja auch nicht riechen.*
Svenja: *Katzen und Hunde können das, die riechen alles.*
Aline: *Farbe kann man auch riechen.*
mare: Dann müsste man ja auch riechen, ob das Meer blau ist oder grau. Was meint Ihr, ist das Meer wirklich blau?
Gina: *Nein, durchsichtig.*

Fanny: *Sonst wären die Wassertropfen, wenn man die abkriegt, immer richtig blau.*
Jens: *Das Meer hat ganz viele Farben.*
mare: Welche denn?
Jens: *Grau…*
Svenja: *…grün…*
Aline: *…dunkelgrün…*
Gina: *…rot (kicher)…*
mare: Also: Hat das Meer jetzt eine Farbe oder nicht?
Aline: *Wenn man es färbt, oder bei Sturm.*   >

Schwerpunkt · KINDER

mare: Und warum denkt man, das Meer ist blau, wenn man von weitem guckt?
Jens: *Das liegt am Himmel.*
mare: Tropft die Farbe vom Himmel runter?
Aline: *Nein, das spiegelt sich.*
mare: Würdet Ihr gerne mal U-Boot fahren?
Fanny: *Vielleicht, wenn's da keinen Sägefisch gibt. Der könnte das U-Boot aufsägen.*
Jens: *Nee, das geht nicht.*
mare: Hättet Ihr denn nur Angst vor Sägefischen?
Gina: *Und vor Hammerhaien.*
mare: Was ist das denn?
Gina: *Das ist ein ganz normaler Hai, nur dass der eine Säge hat wie ein Sägefisch. Und die ist als Hammer geformt.*
Jens: *Ich hab 'ne Urangst bei U-Booten, dass der Motor ausgeht.*
mare: Was würde denn dann passieren?
Aline: *Dann bleibt man stehen.*
mare: Warum gibt es eigentlich U-Boote?
Aline: *Die sind gut, wenn man sich nicht traut, einfach so zu tauchen.*
mare: Wie kann das eigentlich funktionieren, runtertauchen und wieder hoch?
Gina: *Das U-Boot ist schwerer, darum geht es unter.*
mare: Und wie kommt es wieder hoch?
Jens: *Die haben Luftblasen, und wenn die aufgeblasen sind, geht es wieder hoch.*
mare: Mal angenommen, Ihr zieht auf eine kleine, einsame Insel. Was würdet Ihr mitnehmen?
Gina: *Lampen.*
Fanny: *Jede Menge Steine.*
mare: Warum Steine?
Fanny: *Um ein Haus zu bauen.*
Svenja: *Einen Badeanzug.*
Aline: *Eine Angel, ein Boot.*
Gina: *Ich würde eine Uhr mitnehmen. Damit man weiß, wie spät es ist.*
Svenja: *Wenn man die Uhr von zu Hause mitgenommen hat, weiß man immer, wann es hier Mittagessen gibt.*
Jens: *Wie weiß man überhaupt, wo man mit dem Schiff hin möchte? Mit dem U-Boot sieht man die Insel doch gar nicht.*
mare: Wenn man die Insel nicht findet, fährt man vielleicht unter der Insel durch.
Gina: *Nein, da stößt man doch dagegen, die Insel geht bis auf den Meeresboden.*
mare: Wisst Ihr eigentlich, wie Inseln entstanden sind?
Gina: *Ja, durch den Urknall.*
Fanny: *Durch Vulkane.*
Gina: *Auf La Palma ist ganz schwarzer und heißer Sand, der kommt aus dem Vulkan.*
mare: Genau. Und der ist mal trocken und mal überspült. Wie kommt das?
Jens: *Da ist manchmal Flut und manchmal Ebbe.*
Gina: *Manchmal geht die Flut auch bis zum Himmel.*
mare: Was findet Ihr eigentlich besser: Schwimmbad oder Meer?
Svenja: *Schwimmbad.*
Jens: *Das Meer.*
mare: Und was mögt Ihr lieber: Schwimmreifen oder Schwimmflügel?
Aline und Svenja: *Schwimmreifen.*
Gina: *Beides, beides.*
mare: Könnt Ihr die denn schon selbst aufpusten?
Fanny: *Ja, aber nicht zumachen.*
Gina: *Ja, aber nur eine Seite.*
Svenja: *Ich kann nur eine Seite aufpusten, die aber dann auch zumachen.*
mare: Svenja und Aline, Ihr könnt ja schwimmen, wie habt Ihr das geschafft?
Aline: *Das weiß ich nicht mehr.*
Svenja: *Ich hab einfach das Seepferdchen gemacht.*
mare: Und Du, Jens, als Meeres-Experte: Kannst Du auch schwimmen?
Jens: *Nee, aber ich weiß genau, wie man schwimmen lernen kann. Man probiert's mehrmals aus, und dann kann man's.* ∞

Ulli Kulke, Jahrgang 1952, ist stellvertretender Chefredakteur von **mare**. Zuletzt schrieb er über die Affen von Gibraltar (in Heft 25).
Stefan Pielow, Jahrgang 1959, ist freier Fotograf und lebt in Hamburg. Für **mare** hat er zuletzt die Schiffsbegrüßungsanlage Willkomm-Höft fotografiert (Heft 22).
Aline (7), Fanny (7), Gina (5), Svenja (5) und Jens (6) leben in Berlin

Schwerpunkt · KINDER

Drei Wellen und schwarze Hühner

Ein Ritual an der portugiesischen Küste soll Kinder vor dem Leibhaftigen schützen

Von Teresa Salema

JEDES JAHR AM 24. AUGUST IST IM Fischerdorf São Bartolomeu do Mar, wenige Kilometer nördlich von Porto, der Teufel los. An diesem Tag nähert er sich den Menschen und den Naturelementen so bedrohlich, dass nur ein besonderes Ritual seine Vertreibung sichert – zumindest nach dem Glauben der Familien, die daran teilnehmen.

Nach einer Legende des 13. Jahrhunderts gelang es Bartholomäus, einem der zwölf Apostel, den Teufel zu bezwingen – er wurde gefesselt und in die Wüste verbannt. Bartholomäus, Prediger und Mittler zwischen Gott und den Menschen, heilte zudem die üblichen Erscheinungen der Teufelsbesessenheit – als solche galten Epilepsie, Stottern, Stummheit, Ängste und Alpträume.

Am Morgen des 24. gehen die Dorfbewohner in die Kirche. Als Geschenk für Bartholomäus bringen die Kinder ein Huhn mit, möglichst ein schwarzes. Mit dem Federvieh in der Hand drehen sie drei Runden um das Gotteshaus, das soll helfen, den Teufel zu bändigen. In der Kirche steht eine Figur des Heiligen Bartholomäus auf einem bootsartigen Tragegestell. Auch dort drehen die Kinder drei Kreise, oft an der Hand des Vaters und mit dem Huhn auf dem Arm.

Nach der Messe machen sich alle auf den Weg zum Strand, zum „heiligen Bad" für die kleinen Kinder. Vater und Mutter ziehen ihr Kind nackt aus und überlassen es einem Bademeister, damit er den zitternden Körper in drei aufeinander folgende Wellen eintaucht. Nach jedem Eintauchen wischt er mit der Hand das Wasser aus dem Gesicht seines Schützlings, der selbst wohl kaum Spaß an dem Zeremoniell hat. Kein rituelles Wort bemerkt man auf den Lippen des Bademeisters, aber er bekreuzigt sich hinterher. Eltern und Bademeister wirken wie Regieassistenten in einem Schauspiel höherer Mächte.

Das Eintauchen in den Atlantik – mit dem Kopf zuerst – soll der Teufelsbesessen-

Wiederauferstanden. Ein Bademeister taucht das Kind kopfüber ins Wasser und hebt es dann empor

heit vorbeugen. Die kurze Taubheit und Atemlosigkeit des Kindes, die bebenden violetten Lippen, das alles ähnelt dem teuflischen Delirium und soll wie eine Impfung wirken. Die Macht des „Burschen", so heißt der Teufel im Volksmund, kommt in den Meereswellen nicht nur zum Erscheinen, sondern auch zum Abklingen.

Die Feierlichkeiten, die seinem Widersacher Bartholomäus gebühren, beginnen bereits am 22. August mit dem traditionellen „Leinenmarkt". Heute bietet er vor allem industriell gefertigte Kleider, Schuhe, Haushaltswaren und Spielzeug. Am nächsten Tag spielen Musikkapellen, abends steigt das erste große Feuerwerk in den Himmel.

Am Nachmittag des 24. August, nach dem teufelsvertreibenden Tauchbad, zieht eine Prozession von der Kirche zum Meer: mit Christus, Maria, Bartholomäus und anderen Heiligen auf Tragegestellen, mit Kindern als Engel verkleidet und Männern als Apostel. Es folgen Musikkapellen, Pilger und Schaulustige. Am Strand spricht der Prediger über den Widerstreit zwischen Gott, Teufel und den Mächten des Meeres, während die Zuhörer im Sand sitzen und gebannt lauschen. Anschließend kehren alle zur Kirche zurück, die Hühner und andere Spenden werden versteigert.

Der uralte Glaube an die heilende Kraft des Meerwassers kreuzt sich hier sowohl mit dem neuzeitlichen Prozessionsritual als auch mit dem mittelalterlichen Brauch der Spende von lebenden Tieren. Im Gegensatz zum Opfer werden die Tiere nicht getötet, damit die Gläubigen – und nicht nur Gott – auch etwas von ihnen haben. Höhepunkte des Festes sind aber nach wie vor zwei heidnisch anmutende Momente: das Übergeben der schwarzen Hühner und das Eintauchen der Kinder ins Meer.

Teresa Salema, 1947 geboren, ist Germanistin und Schriftstellerin und lebt in Lissabon. In mare *No. 12 beschrieb sie die Salzgewinnung südlich der portugiesischen Hauptstadt*

Schwerpunkt · KINDER

Von Leichtmatrosen und City-Sailors
Der Mode-Designer Wolfgang Joop über seine Vorliebe für marineblaue Matrosenanzüge

Von Wolfgang Joop

> *„Stil hat sehr stark mit dem Niveau zu tun, auf dem man sein Kinn trägt"*
> **Oscar Wilde**

Das Kinn hoch und die Beine gestreckt zu halten verordnete mir mein Großvater. Mit Stilfragen setzte er sich allerdings nicht theoretisch auseinander. Das blieb später mir, seinem Enkel, überlassen. Professionell, versteht sich. Für meinen Großvater stellten sich gesellschaftliche Fragen nicht. Sein selbst entworfener Kosmos war überschaubar, und nur zwei Kategorien von Menschen imponierten ihm: Bauern und Soldaten. Er verkörperte beide. „Weißt du, Wolfgang, die einen ernähren das Volk, die anderen verteidigen es."

Einfachheit hat ihre Größe. Und voller Stolz zeigte er mir Bilder, als er hoch zu Ross, mit weißem Beinkleid und Gold besetzter Jacke, Husar beim Reitergeneral von Ziethen war. So blieb auch in mir ein Stolz, „Preuße" zu sein. Obgleich, oder gerade weil ich immun war gegenüber jeglichen Interpretationsversuchen des Begriffes „Preußentum". Was man da in meiner Heimatstadt Potsdam von Kadettengehorsam erzählte, blieb mir unverständlich, fühlte ich mich doch in meinem Anspruch auf Freiheit und Individualität von meiner preußischen Familie unterstützt. Für „Beamtenmief" war die „Fremdherrschaft" der SED verantwortlich. Mein Kinderherz wärmte sich an den Geschichten von Preußens Glanz und Gloria.

Mein Großvater wollte seinen Kaiser Wilhelm wiederhaben. Auch mir gefielen die Reliquien und Bauten der „imperialistischen Ausbeuter" natürlich besser als die ästhetischen Errungenschaften des Sozialismus. Mein Blick auf die Welt blieb „blau". Preußisch blau! Kritiker meiner Arbeit formulierten einmal: „Was immer der Joop entwirft, es kommt zum Schluss ein preußischer Offiziersmantel heraus."

Das erste Kleidungsstück, an das ich mich erinnere (außer dunkelblauen Trainingshosen), war mein Anzug, den ich zur Taufe trug. Das mag man mir jetzt genauso wenig glauben, wie es mir meine Mutter glaubt. Doch zu meiner Taufe war ich schon fünf Jahre alt. Das Ereignis hatte man bis dahin verschoben, in der Hoffnung, mein Vater könnte dabei sein. Aber ich lernte ihn erst mit acht Jahren kennen, als man ihn endlich aus der Gefangenschaft entlassen hatte.

Am Tag meiner Taufe also trug ich einen marineblauen Kapitänsanzug! Mit langen Hosen und Goldknöpfen. Ich fühlte mich durch dieses Kleidungsstück nicht aufgenommen in die christliche Gemeinde, sondern wie ein kleiner Prinz. Und wie man sich fühlt, so ist man auch in dem Moment. Mein Kinn hielt ich hoch – und fing doch plötzlich an zu heulen, als mir der Pfarrer kaltes Wasser auf die Stirn spritzte. Ich fühlte mich „entweiht"! Und schämte mich.

Blaue Kleidung „hat was", wie man in Hamburg sagt, will man etwas Großarti-

> *„Der Matrosen-Look bedeutet: Ich interessiere mich nicht für Stadt- und Landmoden; ich kann nicht lange bleiben; ich bin nicht sesshaft und kenne andere Ufer!"*
> **Wolfgang Joop**

links: Albert Edward, Prince of Wales, der spätere Edward VII., Gemälde von Franz Xaver Winterhalter, 1846

rechts: Englischer Junge im Matrosenanzug, unbekannter Künstler, 19. Jahrhundert

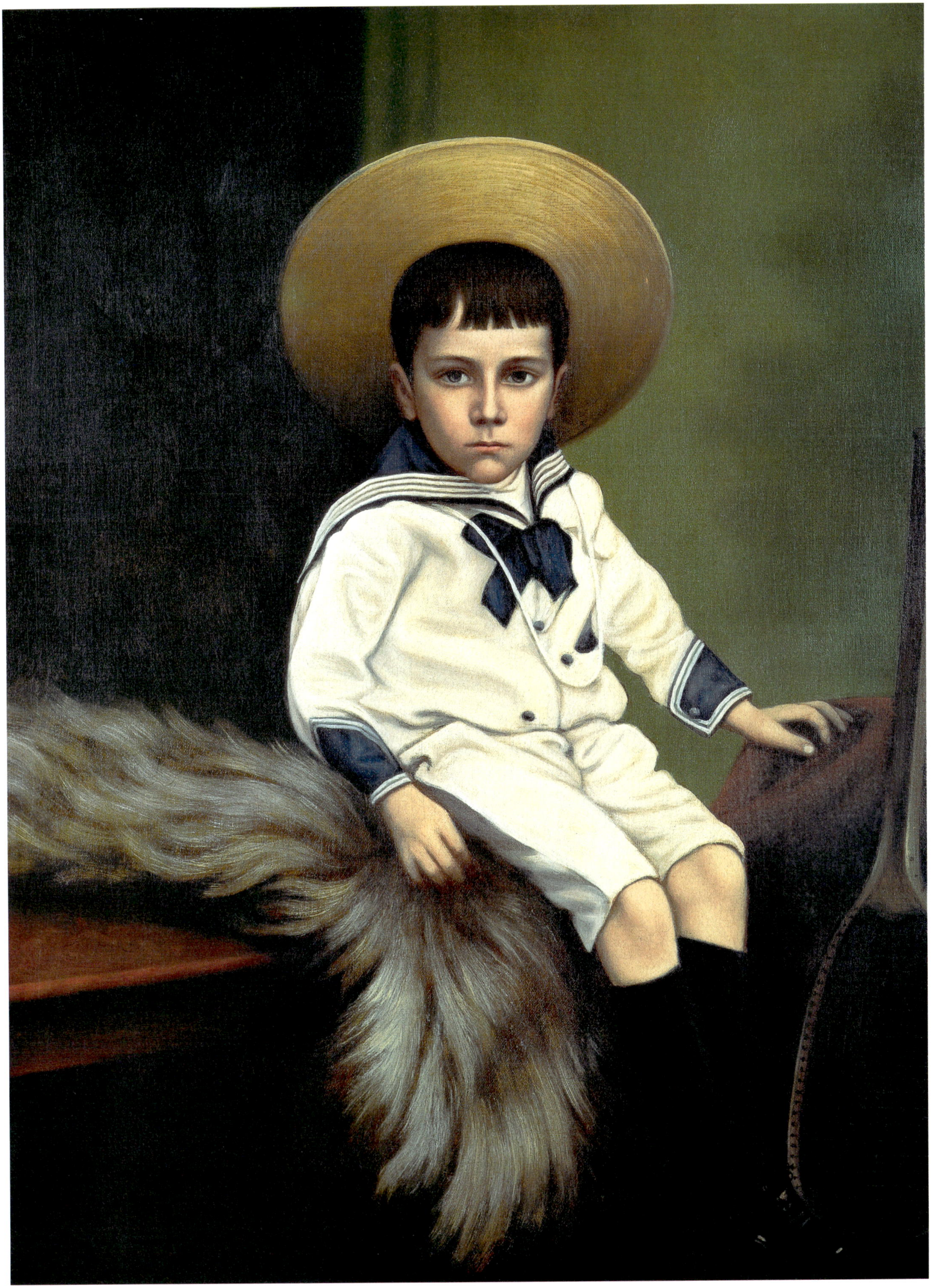

Kaiser Wilhelm II. mit seinen Enkeln Prinz Wilhelm, Prinz Louis
Ferdinand und Prinz Hubertus auf einer Fotopostkarte, um 1913

Kinder einer gutbürgerlichen Familie aus Kurhessen-Waldeck:
Karl, Elfriede, Willi und Franz Lebeda, 1919

ges beschreiben. In „Blau" oder besser „Marine" hat man etwas Kühles, Forsches, Sportives, Positives, Weltmännisches. Goldknöpfe geben einem dazu etwas wie Zugehörigkeit zu einem Rang, einem Club. Besonders in Hansestädten „verkleidet" man sich gern „maritim". Die Verkleidung verdeckt so manches: soziale Unterschiede, modische und stilistische Unsicherheit oder auch das „kleine Karo", das vor dem persönlichen Horizont steht.

Karl Lagerfeld erzählte einst, seine Mutter habe immer gesagt: „Hamburg ist das Tor zur Welt, aber eben nur das Tor!" Wie Recht sie gehabt hat. Als mich das Schicksal 1971 in die Hafenstadt verwünschte, brauchte ich lange, mich mit dem reduzierten Charme ihrer Bewohner anzufreunden. Sind Hafenstadtbewohner doch keineswegs weltoffen, sondern von Natur und Historie aus eher misstrauisch.

Gegen die Möglichkeit, per Schiff abzulegen, steht die Gefahr, was da so alles anlegen könnte: Von Piraten bis zur Pest ist man vor gar nichts sicher.

Jedenfalls beherrscht eine gewisse merkantile Kühle die Emotionen der Hanseaten. Steht die Hamburgerin vor der Wahl, sich ein Outfit in einer Modefarbe oder in Marineblau zu kaufen, greift sie instinktiv zu Marine. Denn: Den Preis für das „modische Zeugs", den „trägt man nicht ab" – ersparen Sie mir bitte die Interpretation dieser Ausdrucksweise. Der Hamburger Geschäftsmann hat mindestens einen blauen Clubblazer mit Goldknopf im Schrank. Tradition und Diskretion sind ungeschriebene Gesetze.

Die maritime Welle rollte in Deutschland nach der Reichsgründung 1871 an. Mit der Industrialisierung der Gründerzeit kam der Schiffbau richtig in Gang. Die

Höfisches Leben im 18. Jahrhundert, unbekannter Künstler

Kleine Zivil-Geschichte des Matrosenanzugs

Am Anfang stand die unerhörte Forderung nach kindgerechter Kleidung. Der englische Philosoph und Arzt John Locke (1632–1704) formulierte erstmals Prinzipien für eine den kindlichen Bedürfnissen gemäße Garderobe: nicht repressiv mit Schnürkorsett, Reifrock und Perücke, sondern locker und einfach sollte sie sein.

Die ersten Nutznießer dieser Forderung waren die Kinder der europäischen Herrscherhäuser im 18. Jahrhundert. Aus Miniatur-Höflingen wurden Miniatur-Matrosen. Die markantesten Bestandteile des Matrosenanzugs waren und sind der breite, rechteckig über den Rücken fallende Kragen, der spitze Ausschnitt, der in einen Schifferknoten mündet, und natürlich die Farben: Marineblau und Weiß. Alles andere, Hosenlänge, Kopfbedeckung (zeitweilig trug man Tropenhut!), Material, unterlag den Moden.

1846 wurde der knapp fünfjährige spätere König Edward VII. im Matrosenanzug porträtiert und löste damit endgültig eine Kindermodewelle aus, die noch heute in Ausläufern unterwegs ist. Den Höhepunkt bildete die Ära Kaiser Wilhelm II., dessen Lieblingsgemälde den Titel „Torpedo-Boote ran an den Feind" trug. Die Werbekampagne des Deutschen Flottenvereins für maritime Aufrüstung war so erfolgreich, dass bald bis ins gebirgige Allgäu Enthusiasmus herrschte für alles, was blau war und schwamm.

Von 1889 an konnte dank industrieller Fertigung und Schnittmuster auch das Kleinbürgertum mit dem Matrosenanzug Kaisertreue und Flottenbegeisterung demonstrieren. Nur klassenbewusste Arbeiter nahmen Abstand.

Die Nationalsozialisten schmähten den zivilen Matrosenanzug als bürgerlich-dekadent, und entsprechend schnell und vollständig verschwand er in den dreißiger Jahren zu Gunsten des braunen Drillichs der Hitlerjugend aus dem Straßenbild.

Nach dem Ende des 2. Weltkriegs trugen nur noch vereinzelt sehr kleine Kinder den Matrosenanzug. Dafür fanden die Großen allmählich Gefallen daran. Dabei reizte die Modemacher weniger eine Anknüpfung an den Infantil-Chic als vielmehr die Assoziation mit der Welt des Militärs: Die Subversion der Uniform, dieses Symbols für Konservativismus und Unterordnung des Individuums unter eine vereinheitlichende Disziplin, wird spätestens seit den Fünfzigern öffentlich von „Minderheiten" vorgeführt. Das Buch zum Anzug, „Querelle de Brest" von Jean Genet, war bereits 1949 erschienen. Ende der fünfziger Jahre kaufte der schwule Mann von Welt in Zürich Hosen „à la matelot" – „wie bei den Matrosen". 1962 führte Yves Saint Laurent die Matrosenjacke für Frauen ein, man sprach von einer Sensation.

Heute kommt und geht der entideologisierte Navy-Look in der Erwachsenen-Mode wie jeder andere Look auch, während er sich in den Kindermodeläden – als Festtagskleidung für Kleinkinder, besonders gern zur Taufe – mit erstaunlicher Konstanz hält.

Übrigens: Dass Donald Duck der Bannerträger aller Matrosenanzugfreunde ist, wollen wir bestreiten. Denn der 1934 geborene zeitweilige Bewohner eines Hausbootes hat sich weiterentwickelt. Für seine letzte Fernsehserie 1996 hat er die Garderobe gewechselt, und Gottseibeiuns, dass die weder Modemacher noch Kinder inspiriert: Donald trat im Hawaiihemd auf. *Judith Reker*

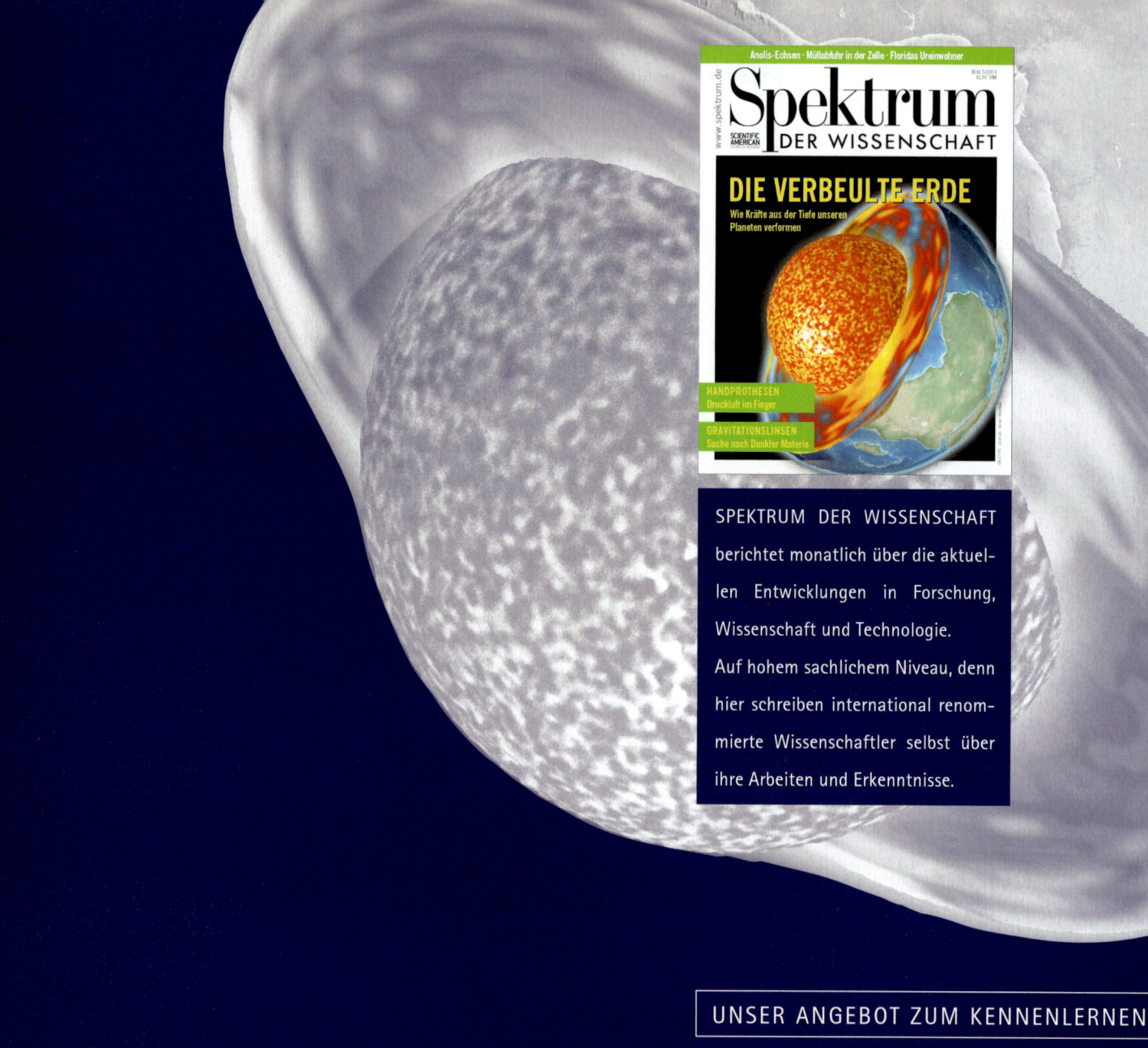

SPEKTRUM DER WISSENSCHAFT berichtet monatlich über die aktuellen Entwicklungen in Forschung, Wissenschaft und Technologie. Auf hohem sachlichem Niveau, denn hier schreiben international renommierte Wissenschaftler selbst über ihre Arbeiten und Erkenntnisse.

UNSER ANGEBOT ZUM KENNENLERNEN

Zum Kennenlernen liegt eine aktuelle Ausgabe von Spektrum der Wissenschaft kostenlos für Sie bereit. Als Dank für Ihr Interesse schenken wir Ihnen das Spezial „Die dynamische Welt der Ozeane".

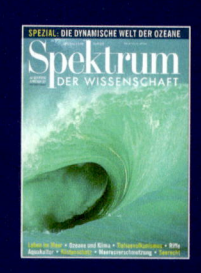

○ **JA,** senden Sie mir das aktuelle Spektrum-Heft kostenlos zu. Als Dank für mein Interesse erhalte ich das Spezial „Die dynamische Welt der Ozeane". Wenn ich Spektrum nicht weiterlesen möchte, werde ich Sie innerhalb von zwei Wochen nach Erhalt des Probeheftes informieren. Das Sonderheft darf ich in jedem Fall behalten. Sollten Sie nichts mehr von mir hören, erhalte ich die weiteren Ausgaben für DM 142,20 im Abonnement frei Haus; ermäßigter Preis auf Nachweis DM 123,60 (Auslandspreise auf Anfrage). Ich kann mein Abonnement jederzeit kündigen.

_____
Datum/Unterschrift

Widerrufsrecht: Ich weiß, daß ich das Recht habe, diese Bestellung innerhalb von zwei Wochen schriftlich bei Spektrum der Wissenschaft, Postfach 10 48 40, D-69038 Heidelberg, zu widerrufen, und bestätige dies durch meine 2. Unterschrift. Zur Fristwahrung genügt die rechtzeitige Absendung.

2. Unterschrift   510603

Widerrufsrecht: Diese Bestellung kann innerhalb von zwei Wochen schriftlich bei Spektrum der Wissenschaft · Postfach 10 48 40 · D-69038 Heidelberg, widerrufen werden. Zur Fristwahrung genügt die rechtzeitige Absendung.

BESTELL- UND INFORMATIONSSERVICE

SPEKTRUM DER WISSENSCHAFT
Postfach 10 48 40/D-69038 Heidelberg
Tel. (06221)50460/Fax (06221)504751
E-Mail: marketing@spektrum.com

Informationen zu unseren Zeitschriften finden Sie unter

WWW.SPEKTRUM.DE

Schwerpunkt • KINDER

Reeder waren jetzt auch in der Lage, große, ganz große Schiffe zu bauen.

Und Kaiser Wilhelm II., der eigentlich auf dem Militärgelände des Bornstedter Feldes zu Hause war, ließ sich von seinem Marineoffizier und Staatssekretär von Tirpitz eine Flotte aufschwatzen. Die Kriegsmarine hatte gegenüber anderen militärischen Einheiten Elite-Status. An den märkischen Seen um Berlin und Potsdam entstanden so genannte „Matrosenstationen". Die Jugend übte sich in Kutter und Regatta rudern und „Knoten machen". Mädchen und Jungen trugen sonntags voller Stolz Kleider und Hemden mit Matrosenkragen und Mützen mit flatternden Bändern.

In Potsdam existierte früher hinter dem so genannten „Normannischen Tor" der Kaiserliche Jachthafen. Außerdem gab es einen vaterländischen Marine-Jugendverein. Es ging schließlich darum, sich auf den Weltmeeren neben den Engländern einen Platz an der Sonne zu reservieren. Oder besser gesagt: in den sonnigen Kolonien.

Nach dem Verlust derselben blieb die Reiselust der Deutschen. Und Kolonialherren gleich besetzen sie heute ihre bevorzugten Reiseplätze, Matrosenpulli und weiße Shorts im Gepäck. Selbst die Bayern benehmen sich an fremden Ufern wie Leichtmatrosen. Und geben sich wie diese sexuell ausgehungert.

Modisches Traditionsbewusstsein und damit verbundene optische Regelmäßigkeit scheinen jedoch auch den Willen zum Protest zu forcieren. Es ist schon irgendwie paradox, dass gerade aus der Stadt der „City-Sailors" – Hamburg – drei bekannte Mode-Designer gekommen sind: Lagerfeld, Jil Sander und Joop. Für manche ist das Tor zur Welt eben auch die Tür zur Flucht.

Der Matrosen-Look ist für mich bei aller optischen Naivität auch eine praktische Alternative zu anderen modischen Looks. Er bedeutet: Ich interessiere mich nicht für Stadt- und Landmoden; ich kann nicht lange bleiben; ich bin nicht sesshaft und kenne andere Ufer.

Man bedenke eines: Auch modische Verweigerung ist ein modisches Statement.

Bertolt Brecht (Mitte) und sein Bruder Walter mit ihrer Mutter, 1908

Der kleine Wolfgang im Kapitänsanzug

Wolfgang Joop, Jahrgang 1944, gehört zu den bekanntesten deutschen Modemachern. Er lebt in New York und seiner Heimatstadt Potsdam. Joop schreibt hier erstmals für mare

Schwerpunkt · KINDER

Im Kielwasser
Das Beste zum Schluss

Gegenwind im Paradies

Was, wenn zwei fanatische Eltern ihre Kinder zur Weltumsegelung an Bord bitten – Traum oder Folter? Vor zwei Jahren machten zwei baskische Brüder, die nach 17 Jahren Bordleben endlich genug hatten und an Land wollten, Schlagzeilen. Das Gegenbeispiel: Kym Erdmann, Sohn des wohl berühmtesten deutschen Weltumseglers. Dreieinhalb Jahre war er alt, als Vater Wilfried und Mutter Astrid 1976 von Neuseeland aus in See stachen. Zur Einschulung des Sohnes wollte man wieder in Düsseldorf sein, doch bis dahin galt es, mit der zehn Meter langen „Kathena faa" 20 422 Seemeilen zurückzulegen. Zu den größten Gefahren auf See gehörte ein Taifun. Er hieß zum Verdruss der Eltern „Kim" und forderte auf den Philippinen 65 Menschenleben. Dann war da der Angriff von Piraten mit Schießerei nördlich von Borneo: Kym Erdmann weiß noch heute, wie die Eltern schrien: „Duck dich ins Cockpit!" Zu Kym Erdmanns frühen Erinnerungen gehört ein Barrakuda, den der Fünfjährige mit Dreizack und lebendem Köder fischte. Fußball spielen lernte er am Strand. Als Schulkind konnte Kym Knoten wie den Palstek, ihm konnte man das Ruder überlassen, und im Spiel „Reversi", mit dem die langen Tage an Bord verkürzt wurden, war er den Freunden später überlegen. Wer diese Seereise nachlesen will: Wilfried Erdmann: „Gegenwind im Paradies", Verlag Delius und Klasing, Neuauflage 2000, 22,80 Mark. *tli*

Neues Leben aus dem Wasser

Frauen, denen die Klinik-Atmosphäre für die Geburt zu unnatürlich ist, haben außer den eigenen vier Wänden noch eine andere Alternative: das Meer. Sie gebären ihr Baby stehend in 35 Grad warmem Meerwasser. Neben der Hebamme sind hier und da auch Delfine zugegen. Die zutraulichen Tiere tasten dabei mit ihrem Sonar Mutter und Kind ab. Cornelia Enning, Expertin für Wassergeburten, geht davon aus, dass die Delfine das Kind positiv beeinflussen. Sie hält Ozeangeburten auch für sinnvoll, weil die Babys in ein vertrautes Ambiente hineingeboren würden. Salzwasser sei dem Fruchtwasser sehr ähnlich und werde von der Lunge resorbiert, falls das Baby zu früh zu atmen beginnt (siehe auch in diesem Heft Seite 94). Die Geburt im Meer ist in einigen Kulturen altbekannt. Bis heute wird sie in Japan, der Karibik und auf Hawaii praktiziert. Ausgebildete Hebammen entbinden dort Frauen aus aller Welt. Agenturen organisieren den Geburtstourismus, der schnell an die 10 000 Mark kostet. Billiger wird die Salzwassergeburt in einer deutschen Klinik – mit Meersalz im Pool. Internet: www.annahospital.de/gyngeb/wageb.html *hw*

Segeln im Wind mit Kegel und Kind

„Kind über Bord" hieß es zum Glück noch nie, obwohl sogar schon sechs Monate alte Babys an Bord der „Thor Heyerdahl" mitsegeln durften. Normalerweise chartern Primaner oder Betriebsausflügler den Dreimast-Toppsegelschoner aus Kiel, doch bei den mehrtägigen „Kind + Kegel"-Törns auf der Ostsee bevölkern Kinder jeden Alters das Deck. Die Touren werden speziell für Familien angeboten. Platz ist für 32 Gäste, hinzu kommt die zwölfköpfige Stammcrew. Doch die ist auf helfende Elternhände angewiesen. „Aktiv-Segeln" lautet das Motto: Erwachsene, die nicht mit Kinderaufsicht beschäftigt sind, werden einer der vier Wachen zugeteilt. Größere Kinder können für einfache Arbeiten eingeteilt werden. Kontakt: Thor Heyerdahl e.V., Kiel, Tel. 0431/67 77 57. Internet: www.harms-online.de/schotstek/ *hw*

Wie ein Schiffsjunge als dummes Schwein überlebte

„Nachdem wir bei sonnigem Wetter gegen Mittag bei Windstärke 3 bis 4 die Kieler Förde verlassen hatten, löste mich der Alte am Ruder ab. Er befahl mir, während die ablösende Wache aß, das Deck mit der Schlagpütz abzuspülen. Eine Schlagpütz ist ein kleiner, eigens dafür hergestellter Eimer mit einer langen Leine dran. Man wirft den Eimer mit einer gekonnten Bewegung über Bord ins Wasser und zieht ihn dann mit Wasser gefüllt an der Leine wieder hoch und wäscht damit das Deck. Aus irgendeinem Grund war die Schlagpütz nicht aufzufinden, und ich befestigte in meiner Unerfahrenheit unsere dünne Schmeißleine an einem normal großen Eimer. Als ich mich an Deck auf die Reling stellte und die provisorische Schlagpütz mit einem eleganten Schwung ins Wasser warf, wurde ich durch den Fahrtstrom über Bord gerissen.
Da alle anderen unter Deck beim Essen waren, wurde der Unfall von niemandem bemerkt. Ich hatte mein bestes knallgelb-rotes Landgangshemd an, da die zwei Arbeitshemden zur Wäsche eingeweicht waren. Dieser Tatbestand rettete mir wahrscheinlich das Leben. Während ich in der unruhigen See um mein Leben schwamm und das Heck meines Schiffes am Horizont immer kleiner wurde, bemerkte ein großer Zollkreuzer mein knalligfarbenes Hemd und drehte sofort auf mich zu. Mir wurde ein Rettungsring zugeworfen, anschließend wurde ich an Bord gezogen. Da mein Schiff noch eben in der Ferne zu sehen war, brauste der Zollkreuzer mit äußerster Maschinenkraft hinterher.
Nach einigen Signalen mit dem Typhon bemerkte unser Alter, dass irgendetwas im Gange war, und stoppte die Maschine. Ich werde nie sein entgeistertes Gesicht vergessen, als er mich mit offenem Mund anstarrte. Aber der Alte wäre nicht der Alte gewesen, hätte er nicht reagiert, wie er reagiert hat. Nachdem sich seine erste Verblüffung gelegt hatte, lächelte er zuerst, und dann legte er los und schrie: ‚Wo kommst du denn her, du Wichskopf, du dummes Schwein. Zu dumm, eine Pütz aufzuschlagen. Dich hätte die Hebamme gleich bei der Geburt erwürgen sollen, du Wichskopf!' Dieser Wutanfall verschlug selbst den Zollbeamten die Sprache, und der Kapitän des Zollkreuzers fuhr unseren Alten an: ‚Nun seien Sie aber mal ruhig, Kapitän, seien Sie froh, dass wir den Jungen überhaupt gefunden haben. Nun schicken Sie ihn mal unter Deck, damit er sich trockene Klamotten anziehen kann!' Der Alte war nicht zu bremsen und schrie mich an: ‚Verschwinde, du Wichskopf. Die Pütz zieh ich dir von der Heuer ab, die bezahlst du mir!' Ich brauchte die Pütz nicht zu bezahlen, verbrachte aber wieder einige Zeit in der Kombüse.

aus: Ein Leben auf See. Die Memoiren des Capt. E. Feith, für 19,80 Mark zu beziehen bei Jürgen Ruszkowski, Tel./Fax: 040/819 611 02

IMPRESSUM

mare
HERAUSGEBER UND CHEFREDAKTEUR
Nikolaus K. Gelpke (V.i.S.d.P.)

STELLVERTRETENDER CHEFREDAKTEUR
Ulli Kulke
E-Mail: kulke@mare.de

ART DIRECTION
Claudia Bock
bock@mare.de

CHEF VOM DIENST / SCHLUSSREDAKTION
Dietmar Bartz
bartz@mare.de

BILDREDAKTION
Barbara Stauss, Petra Koßmann (Ass.)
stauss@mare.de

KULTURREDAKTION
Zora del Buono
delbuono@mare.de

REDAKTION WISSENSCHAFT
Monika Rößiger
roessiger@mare.de

REDAKTION POLITIK / WIRTSCHAFT
Olaf Kanter
kanter@mare.de

REDAKTION REISEN / GENUSS
Ulli Kulke
kulke@mare.de

ONLINE-REDAKTION
Wiebke Böse
boese@mare.de

REDAKTEUR FÜR BESONDERE AUFGABEN
Roland Brockmann

TEXTARCHIV
Michael Rittendorf
rittendorf@mare.de

VERLEGER
Nikolaus K. Gelpke

VERLAGSLEITUNG
Peter Minden
minden@mare.de

VERTRIEBSLEITUNG
Karin Trommer
trommer@mare.de

BUCHHALTUNG
Nicole Schönekäß
schoenekaess@mare.de

SEKRETARIAT
Gesa Rädeker
raedeker@mare.de

PRODUKTION: Lothar Hartmann
SATZ/LITHOGRAPHIE: MetaDesign
DRUCK: Druckhaus Kaufmann
VERTRIEB: IPV Inland Presse Vertrieb
ISSN 1432-928X
ISBN 3-434-52918-7

ABO-/KUNDENSERVICE

mare Service
Postfach 88, 77649 Offenburg
Tel. (0781) 639-6810, Fax -6191
E-Mail: service@mare.de

Jahresabo: 75 DM
Studentenabo: 66 DM
Probeabo (3 Ausgaben): 28 DM
(Inland: frei Haus, Ausland: plus Porto)

Die Mitglieder von DSV, YCA und BWVS erhalten das Jahresabonnement zum Sonderpreis von 59 DM

ANSCHRIFTEN

Redaktion und Verlag
dreiviertel verlag GmbH & Co. KG
Am Sandtorkai 1, 20457 Hamburg
Telefon (040) 369 859-0
Fax -90 (Redaktion), -99 (Verlag)
E-Mail: mare@mare.de
Internet: www.mare.de

Redaktionsbüro Berlin:
Oranienstraße 10–11, 10997 Berlin
Art Direction: Tel. (030) 612 86 154
Kulturredaktion: Tel. 612 806 93, Fax -94
Bildredaktion: Tel. 617 027 34, Fax -35

VORSCHAU MARE NO. 27

Titelthema August/September

Hummer, Krebs und Krabbe

mare No. 27 ab 25.7. im Zeitschriften- und Buchhandel

ANZEIGEN

ANZEIGENLEITUNG
Friederike Tinzmann
Verlagsadresse siehe links
Telefon (040) 36 98 59-65, Fax -99
E-Mail: tinzmann@mare.de

REPRÄSENTANZ NIELSEN I
Rita Goldhahn Verlagsservice
Schulstraße 13, 22 880 Wedel
Telefon (04103) 91 20 40, Fax 1 50 97
E-Mail: info@goldhahn-partner.de

REPRÄSENTANZ NIELSEN II
Klaus Getz Medienvertretung
Stöcker Weg 68, 51503 Rösrath
Telefon (02205) 8 61 79, Fax 8 56 09

REPRÄSENTANZ NIELSEN IIIA
Brunhilde Gruen
Armin Müller-Merkert Medienservice
Postfach 3102, 65416 Rüsselsheim
Telefon (06142) 7 22 41, Fax 7 21 85
E-Mail: RRB.Gruen@t-online.de

Armin Müller-Merkert, Medienservice
Frauensteinstraße 11, 60322 Frankfurt
Telefon (069) 59 06 74, Fax 59 63 209

REPRÄSENTANZ NIELSEN IIIB & IV
G.o.MediaMarketing GmbH, Angela Großmann
Verdistraße 116, 81247 München
Telefon (089) 89 12 88-0, Fax -90
E-Mail: mare@go-mediamarketing.com

REPR. NIELSEN V & BEREICH KULTUR
Runze & Casper Verlagsservice OHG
Ruth Hansmann/Ursula Tanneberger
Linienstraße 214, 10119 Berlin
Telefon (030) 28 018-0, Fax -400
E-Mail: verlagsservice@runze-casper.de

VERLAGSREPRÄSENTANZ FRANKREICH
AD Presse International, Edouard C. Costemend
34, rue Camille Pelletan
F-92 309 Levallois Cedex
Telefon 00331 / 47 31-7530, Fax -0956
E-Mail: ad-presse-ec@magic.fr

BILD- UND TEXTNACHWEIS

l.: links, r.: rechts, m.: Mitte, o.: oben, u.: unten.
Titel: Stefan Pielow; S. 3: Stefan Pielow; S. 4 v.o.l.n.u.r.: Tina Barney/courtesy Janet Borden, Inc.; Nicolas Cornet/plus 49/Visum; Markus Milde; Daniel J. Cox/Wildlife; Christiane von Enzberg; Rolf Nobel/Visum; Gerhard Trumler/Ag. Anzenberger; S. 6/7: mare/Illustration: Christian Schellewald; S. 10: Tina Barney/courtesy Janet Borden, Inc.; S. 11: Roy Tzidon; S. 12–25: Barney/courtesy Janet Borden, Inc.; S. 27–36: Roy Tzidon; S. 39: Heike Ollertz; S. 43: Stefan Pielow; S. 44–62: Nicolas Cornet/plus 49/Visum; S. 65: privat; S. 67: Modellbauvertrieb Scheuer & Strüver; S. 68–71: Privatarchiv Familie Rückwardt; S. 72/73: Illustration: Frank Nikol; S. 74–77: Markus Milde; S. 78/79: NAS/Dan Guravich/Okapia; S. 80: NAS/Art Wolfe/Okapia; S. 81: Daniel J. Cox/Wildlife; S. 82: Daniel J. Cox/Wildlife; S. 83: N. Benvie/Wildlife; S. 84: Donald Tipton; S. 85: Jeff Rotman/Save Bild; S. 86: Amos Nachoum/Seapics.com; S. 88: G. Lacz/Wildlife; S. 90/91: Russell Liebman; S. 93: © M.S. Bastian, aus: M.S. Bastian, It's a Wonderful World, Benteli Verlag Bern; S. 94 und S. 95: Christiane von Enzberg; S. 96: Dr. G. Moscoso/SPL/Ag. Focus; S. 97 u.l.: Lennart Nilsson „Ein Kind entsteht"/Mosaik Verlag; S. 97 u. r.: Petit Format/Nestle/SPL/Ag. Focus; S. 101 und S. 102: Stefan Pielow; S. 103: AP Photo/Gael Cornier; S. 104: The Royal Collection HM Queen Elisabeth II; S. 105: The Bridgeman Art Library; S. 106 o.: AKG Berlin; S. 106 u.: Privatarchiv S. Hartung; S. 107: The Bridgeman Art Library; S. 109 o.: AKG Berlin; S. 109 u.: Privatarchiv Familie Joop; S. 111: Jürgen Freund; S. 112 l.: Ralf Kiefner; S. 112 r. (beide): Stefan Boness/Ipon; S. 113: JT – PR GmbH; Hamburg; S. 114 l.: Dr. E. Vauk; S. 114 r.: Gesellschaft zur Rettung des Störs; S. 116: WWF/T. Locher; S. 117: Rolf Nobel/Visum; S. 118: WWF/B. Daehme; S. 119: Ralf Kiefner; S. 124: u.l.: dpa; S. 124 u.r.: AP Photo/HO; S. 126: Heinz Dombrowski; S. 128 (beide): Ullstein Bild; S. 131 v.o.l.n.u.r.: 1: Henri Edmond Cross, Foto: AKG Berlin/Erich Lessing; 2: Pablo Picasso/Succession Picasso/VG Bild-Kunst, Bonn 2001, Foto: AKG Berlin; 3: Vincent van Gogh, Foto: AKG Berlin; 4: Salvador Dalí/Demart pro Arte B.V./VG Bild-Kunst, Bonn 2001, Foto: AKG Berlin; 5: Albert Marquet/VG Bild-Kunst, Bonn 2001, Foto: AKG Berlin; 6: Adelchi-Riccardo Mantovani, Foto: AKG Berlin/Mantovani; 7: Paul Klee/VG Bild-Kunst, Bonn 2001, Foto: AKG Berlin; 8: Claude Monet, Foto: AKG Berlin; 9: Paul Signac/VG Bild-Kunst, Bonn 2001, Foto: AKG Berlin; S. 132 und S. 133: Gerhard Trumler/Ag. Anzenberger; S. 134: Reiner Riedler/Ag. Anzenberger; S. 135 o.: Gerhard Trumler/Ag. Anzenberger; S. 135 u.: Reiner Riedler/Ag. Anzenberger; S. 136 und S. 137: C. Sattlberger/Ag. Anzenberger; S. 138: Rattelschneck; Heftrücken: Conny Bangert.

Literaturnachweise: S. 74: Robert Müller, „Tropen", Igel-Verlag, Oldenburg 1990; S. 76: Hans Henny Jahnn, „Fluss ohne Ufer (Das Holzschiff)", Verlag Hoffmann und Campe, Hamburg 1986; S. 77: Joseph Conrad, „Lord Jim", übers. von Klaus Hoffer, Haffmans Verlag, Zürich 1998; S. 92: Astrid Lindgren, „Pippi Langstrumpf geht an Bord", übers. von Cäcilie Heinig, Verlag Friedrich Oetinger, Hamburg 1950.

Einem Teil der Auflage liegen Beilagen der Friedrich Berlin Verlagsgesellschaft und von National Geographic bei. Wir bitten um freundliche Beachtung.

Alle Rechte vorbehalten.
Reproduktion, Übersetzung in fremde Sprachen, Mikroverfilmung und elektronische Verarbeitung sowie jede andere Art der Wiedergabe nur mit schriftlicher Genehmigung des Verlags.
Für unverlangt eingesandte Manuskripte und Fotos wird keine Haftung übernommen.

Strandgut

Wissenschaft
Satellit beobachtet Mondfische

Ein Forscherteam der kalifornischen Sea Studio Foundation hat mehrere Mondfische mit kleinen Sonden ausgestattet, die Daten via Satellit übertragen. Die gutmütigen Kolosse stammen aus verschiedenen Populationen im Pazifik. Außer den üblichen Messdaten wie Schwimmtiefen und Wassertemperatur wollen die Wissenschaftler herausbekommen, wo sich die Laichplätze der Fische befinden und ob die Populationen aufeinander treffen. Im Angelsächsischen heißen sie übrigens Sonnenfische, und ihr lateinischer Name „Mola mola" bedeutet Mühlstein. Obwohl sie sich gerne von Quallen und Algen ernähren, die nicht gerade zu den Kalorienbomben zählen, können Mondfische an die zwei Tonnen schwer werden. Ihre Höhe – von der Rückenflosse zur Bauchflosse – misst dann drei Meter. Damit sind sie die größten Knochenfische der Welt. *röß*

Mondfisch, mit drei Metern der größte Knochenfisch der Welt

Archäologie
Schiffe schon in der Antike hochseetüchtig

Die Segler der Antike waren möglicherweise schon in der Lage, das Mittelmeer über die offene See zu passieren. Diese These haben Wissenschaftler der Universität Texas vor kurzem im „Archaeology Magazine" vertreten. Bislang galt es als wahrscheinlicher, dass sich die Seefahrer vor mehr als 2000 Jahren entlang der Küsten bewegten. Neuen Auftrieb erhielt die Debatte, als 1999 ein altes Schiffswrack in gut 3000 Meter Tiefe entdeckt wurde. Es liegt ungefähr in der Mitte zwischen Rhodos und Alexandria, den klassischen Handelshäfen. Zur Ladung gehörten Amphoren, wie sie für den Transport von Wein oder Olivenöl verwendet wurden. Videobilder der Amphoren wurden nun am Institut für Nautische Archäologie an der Universität Texas untersucht. Anhand der Form schließen die Forscher auf eine Schiffsladung aus dem Ende des 3. oder frühen 2. Jahrhunderts vor Christus, aus der hellenistischen Periode. Mehr als sechs verschiedene Typen von Weingefäßen wurden unter den etwa 2500 Amphoren identifiziert. Auf den Fotos waren auch mehrere Bleianker und ein Metalltopf zu erkennen. *og*

Aquakultur
Grünes Pesto vom Roten Meer

Wie eine Kreuzung aus Spargel und Tang sieht die seltsame Feldfrucht aus, die im Wüstensand wächst und mit Meerwasser gegossen wird. Die vitamin- und eiweißreichen grünen Stängel können als Salat oder Gemüse, Pesto oder Sauce genossen werden. Die Pflanze mit dem Handelsnamen „Seaphire" ist das Produkt einer gleichnamigen US-Firma, deren Mitarbeiter aus dem wilden Meeresspargel der europäischen Küste eine robustere und ertragreichere Sorte gezüchtet haben. Im ostafrikanischen Küstenland Eritrea, unweit der Hafenstadt Massawa, wird

Meeresspargel aus Eritrea (oben). US-Bürger Carl Hodges baut das vitaminreiche Gemüse an

die Zuchtvariante auf einer Farm getestet. Sie könnte für Entwicklungsländer mit Mangel an Süßwasser ein wertvolles Agrarprodukt werden. *röß*

Tiefsee
Archebakterie verblüfft die Forscher

Überraschend hohe Zahlen von Archaea besiedeln den größten Lebensraum unseres Planeten, das offene Meer. Dort macht die Gruppe der Archebakterien – sehr einfache, ursprüngliche Mikroorganismen – bis zur Hälfte der Lebewesen aus, die sich zwischen der Wasseroberfläche und einer Tiefe bis zu 4750 Metern tummeln. Das berichtet David Karl von der Universität von Hawaii. Archebakterien, die erst 1970 entdeckt wurden, galten bislang als Siedler für extreme Gebiete wie heiße Tiefseequellen, heiße Quellen an Land und extrem saure oder salzige Seen. „Die Funde verändern unsere Sicht über die Ökologie des Meeres grundlegend", erklärt Phil Taylor, Direktor des meereskundlichen Programms der US-Forschungsgemeinschaft. *sam*

Datenbank
Mehr als 25000 Fische im Internet

Die weltweit größte Sammlung von Daten über Fische wird vom Institut für Meereskunde der Universität Kiel betreut. Der Internet-

112 mare No. 26, Juni/Juli 2001

Katalog „FishBase" verzeichnet alle bekannten Arten, informiert über Laichzeiten, Eigenarten oder Populationsgrößen der Fische und ob sie gefährlich sind oder gut schmecken. Selbst Rezepte sind auf der Homepage www.fishbase.org zu finden. *röß*

Trinkwasser
Ergiebige Quellen am Grund des Mittelmeeres

Mit der Nutzung von untermeerischen Süßwasserquellen könnte die Wasserknappheit im Nahen Osten oder in anderen Trockenregionen gelindert werden. Rund ein Drittel des weltweit an Land gebildeten Grundwassers fließt nach Schätzungen des Bremer Hydrogeologen Dieter Ortlam über den Meeresgrund ab. Das ist eine Folge des Meeresspiegelanstiegs nach der letzten Eiszeit: Als der Dauerfrostboden auftaute und das Grundwasser wieder zu fließen begann, lag der Meeresspiegel rund 60 Meter tiefer als heute. An der damaligen Küstenlinie entstanden Quellaustritte, die später überflutet wurden, als der Meeresspiegel durch das Schmelzwasser der Gletscher weiter anstieg. Die größeren dieser Quellen hielten dem Druck des entgegenströmenden Salzwassers stand und treten heute am Meeresgrund aus. Ortlam kennt allein vor der Küste Libanons Quellaustritte im Meer, die rund zwei Milliarden Kubikmeter Süßwasser pro Jahr liefern – etwa ein Drittel des Wasserverbrauchs von Deutschland. „Diese kostbare Ressource fließt ungenutzt ins Meer und ist unwiederbringlich verloren", sagt der ehemalige Leiter des Amtes für Bodenforschung in Bremen, der jetzt im Ruhestand ist. Er fordert ein weltweites Forschungsprogramm, um die untermeerischen Süßwasservorkommen zu erkunden und zu bewirtschaften. Den teuren Transport von Wasser per Tankschiff auf die Ferieninsel Mallorca hält Ortlam für überflüssig: „Man bräuchte nur 30 bis 50 Kilometer von Palma entfernt an der Küste zu bohren, dort gibt es genug Wasser." *hop*

Plankton
Meeresalge im Dorfteich

Die Alge Nannochloropsis, bislang ausschließlich im Ozean nachgewiesen, hält es offenbar auch im Süßwasser aus. Berliner Forscher entdeckten die mikroskopisch kleinen Algen im Roten See bei Mirow nahe dem brandenburgischen Neustrelitz sowie im Dorfteich Schwarz bei Calbe an der Saale in Sachsen-Anhalt. Wegen ihres hohen Gehaltes an essenziellen Fettsäuren dienen die Algen als Lebendfutter bei der Zucht von Krabben, Muscheln und Fischlarven. Wissenschaftler des Institutes für Gewässerökologie und Binnenfischerei (IGB) in Berlin isolierten die Algen aus dem Süßwasser und legten Laborkulturen an. Bei der Analyse des Fettsäuregehaltes zeigte sich, dass er bei den Algen im Binnenwasser viel höher ist als bei denen im Meer. Das

Mythos
Cunard lässt neue „Queen Mary" bauen

Die „Queen Mary" war in den dreißiger Jahren der größte und luxuriöseste Passagierdampfer der Welt. Im Juli beginnen im französischen St. Nazaire auf der Werft Alsthom Chantiers de L'Atlantique die Bauarbeiten für die „Queen Mary 2" – im Auftrag der Cunard Line. Mit 345 Meter Länge soll sie wiederum das größte Passagierschiff der Welt werden. Bis zu 2620 Gäste kann sie aufnehmen, dazu 1254 Besatzungsmitglieder. Im Februar bestand ein 15 Fuß langes Modell der „QM 2" die Tests auf Sturmtauglichkeit: Selbst simulierte Hurrikane und hoher Wellengang konnten das Schiff nicht erschüttern. Eine spezielle Antriebstechnik wird das Vibrieren des Schiffskörpers verhindern. Bis Dezember 2003 soll das 780 Millionen Dollar teure Schiff fertig ausgerüstet sein. Vorbestellungen für die Jungfernfahrt 2004 nimmt die Reederei schon jetzt entgegen. *hw*

Plan für eine Suite über zwei Etagen: Die „Queen Mary 2" soll so luxuriös werden wie ihre berühmte Vorgängerin, die „Queen Mary"

Illustration: Ueli Etter

Strandgut

macht sie als mögliche Futterressource für Süßwasserfarmer interessant. *röß*

Umweltkriminalität
Ölverschmierte Vögel in der Nordsee

Angesichts spektakulärer Tankerhavarien oder des Versinkens einer Ölplattform vor der brasilianischen Küste dringt die so genannte „schleichende Ölpest"

Verendete Trottellumme, das Gefieder von Öl durchtränkt

kaum an die Öffentlichkeit. Immer noch sterben in der Nordsee jedes Jahr mehrere tausend Seevögel, weil Kapitäne Treibstoffrückstände illegal ablassen, um die Entsorgungskosten zu sparen. Unter den verölten Vogelkadavern, die während der Wintermonate an die Strände treiben, befinden sich Trottellummen, Eissturmvögel, Eider- und Trauerenten sowie Möwen. Gegenüber den achtziger und neunziger Jahren hat sich die Situation aber verbessert, wie das Nationalparkamt Schleswig-Holsteinisches Wattenmeer meldet. *röß*

Ausstellung
Geschichte des Seemannspullovers

Im „Haus Peters" im schleswig-holsteinischen Tetenbüll sind Fischerpullover aller Art und Strickmuster zu sehen: mit Rauten, Fischgräten, Ankern, Wellen, Leitern und Kreuzen, außerdem Sweater aus England, Dänemark und Holland sowie Garne und Nadeln. Für die Ausstellung „Fischer sien Fründ" – Hochdeutsch: „Fischers Freund" – hat die Historikerin Brigitta Seidel die Geschichte des Fischerpullis zusammengetragen. Ursprünglich kam der typisch blaue Pullover von den englischen Kanalinseln Jersey und Guernsey, nach denen er auch benannt wurde. Dort strickten im 19. Jahrhundert die Fischersfrauen für ihre Männer, damit sie beim Heringfang nicht froren. Was anfangs nur praktisch war, entwickelte sich zum Statussymbol. Einen trugen die Seemänner auf dem Schiff und einen als „sundays best" unter dem Sonntagsjackett. Weiterer, makabrer Nutzen der Muster: Sie erleichterten das Identifizieren ertrunkener Fischer, die schon länger im Wasser trieben. *oz*
Siehe Termine Seite 40

Pinkeln an Bord
Frauen sind auf den Trichter gekommen

Das männlichste aller Männlichkeitsrituale auf einem Schiff könnte ab sofort zu einem Unisex-Vergnügen werden. Die Rede ist vom „Über-die-Reling-pissen", das nun dank eines simplen Hilfsmittels – eines Pinkeltrichters – auch Frauen möglich ist. Eigentlich eine Erfindung aus dem 18. Jahrhundert, hat er es jetzt zur Marktreife geschafft. Die Kölner Firma Klomoda verkauft das Modell „Urinella" als Hygieneartikel für verschmutzte öffentliche Damentoiletten. Firmeneigner Justus Bierich hat bereits viele tausend Stück verkauft, die durchweg in Heimarbeit geklebt wurden. Klomoda selbst bietet im Internet einen Bastelbogen zum Ausdrucken an. Auch für Frauen gilt folgende Warnung: Eine Hand fürs Schiff – beim Pinkeln über die Reling sind schon viele Skipper über Bord gegangen. *ulk*
Internet: www.klomoda.com/urinella/urinella2.html

Naturschutz
Belohnung für lebend gefangene Störe

Fischern oder Anglern, die einen Europäischen Stör (Acipenser sturio) lebend fangen, winkt eine Prämie von 10 000 Mark. Einer der größten Fische der Nord- und Ostsee sowie des Nordatlantiks soll in deutschen Gewässern wieder heimisch werden. Der bis zu dreieinhalb Meter lange und 400 Kilogramm schwere Fisch hat 200 Millionen Jahre überlebt, aber die Gier nach Kaviar und der schlechte Zustand der Flüsse, auf die der Meeresbewohner zum Laichen angewiesen ist, haben ihn nun fast aussterben lassen. Die Belohnung soll einen ähnlichen Vorfall wie 1993 verhindern: Damals wurde einer der letzten Störe der Nordsee gefangen, 2,85 Meter lang und 142 Kilogramm schwer. Über den Fischmarkt gelangte das Riesentier in die Kantine des Bonner Innenministeriums und endete fein filettiert in den Mägen der Staatsdiener. *mt*

Der Stör soll auch in Deutschland wieder heimisch werden

Kennen Sie ein wertvolleres Los?

„Ich möchte ein Traumhaus gewinnen."

„Ich möchte mich für andere Menschen engagieren."

Einzugsermächtigung

Die große Lotterie der **Aktion Mensch** im ZDF

Aktion MENSCH
Der neue Name der Aktion Sorgenkind

SUPERLOS

Jede Woche die Superchance auf ein Traumhaus für eine Million!

DAS LOS FÜRS LEBEN

Umwelt

Walhaut gegen Seepocken

Bewuchs auf Schiffsrümpfen bremst die Fahrt. Die herkömmlichen Gegenmittel sind giftig. Jetzt enträtseln Forscher die Tricks, mit denen sich Wale und Robben vor unliebsamen Mitreisenden schützen

Von Helmut Broeg

Am ersten Forschungstag auf den Färöer-Inseln kam für Christoph Baum gleich der große Schock: „Obwohl ich wusste, was mich erwarten würde, stockte mir beim Anblick der abgeschlachteten Wale und Delfine das Herz." Trotz internationaler Proteste halten die Bewohner der zu Dänemark gehörenden Inselgruppe weiter an ihrer archaisch anmutenden Jagd auf Meeressäuger fest. Alljährlich zwischen Juni und September werden Tausende von Tieren getötet. Besonders häufig erwischt es dabei Pilotwale. Noch lebend werden sie in den Hafen geschleppt und sterben qualvoll an ihren Verletzungen.

Wissenschaftler aus anderen Ländern sind hier nicht gerne gesehen, sorgten sie doch in der Vergangenheit für negative Berichte weltweit. Christoph Baum, Meeresbiologe am Alfred-Wegener-Institut in Bremerhaven, erhielt auf Vermittlung der Universität der Färöer-Inseln die Gelegenheit, von erlegten Tieren Hautproben zu nehmen. Er will einem Phänomen auf die Spur kommen, das schon viele Walforscher fasziniert hat: Warum zeigen beispielsweise Buckel- und Grauwale einen ausgeprägten Bewuchs mit Seepocken, während die meisten anderen Walarten und Delfine eine makellos glatte Haut haben? Damit Baum die Körperoberfläche von Pilotwalen unter die Lupe nehmen kann, braucht er möglichst frische Hautproben. Und die bekommt er nur auf den Färöer-Inseln – dank des Walfangs.

Der Blick durchs Elektronenmikroskop bestätigt den äußeren Anschein. Abgesehen von einigen Bakterien und Kieselalgen ist auf der Walhaut kein Bewuchs erkennbar. Anders als die Haut des Menschen hat

In zwei Jahren wird das giftige Tributylzinn in Farben und Lacken verboten

die der Wale eine schwammartige Struktur; abgestorbene Zellen sind mit einem besonderen Gel getränkt. So entsteht eine stark Wasser abweisende Schicht, die einerseits eine schnellere Fortbewegung ermöglicht, andererseits verhindert, dass sich Larven von Seepocken, Muscheln und anderen festsitzenden Organismen auf der Haut niederlassen können. Noch ist wenig über die Zusammensetzung dieser natürlichen Antihaft-Substanz bekannt. Baum will die einzelnen Gel-Komponenten entschlüsseln und daraus eine neue Generation von ungiftigen Schiffsfarben entwickeln.

Er ist nur einer von vielen Forschern, die weltweit nach neuen Beschichtungen für Schiffe suchen. Jahrzehntelang diente der Zusatz von Tributylzinn (TBT) in Bootsanstrichen dazu, den Kraftstoff zehrenden Bewuchs mit Seepocken, Muscheln und Algen auf Schiffsrümpfen zu verhindern. Doch der Giftstoff im Lack wirkt ähnlich wie ein Hormon, weshalb er schon in geringsten Konzentrationen das Hormonsystem von Meeresorganismen durcheinander bringen kann.

Eine Folge sind Missbildungen an den Geschlechtsorganen, wie sie unter anderem bei 140 Schneckenarten festgestellt wurden. Einige Arten sind dadurch sogar vom Aussterben bedroht. TBT schwächt außerdem das Immunsystem und sammelt sich über die Nahrungskette in Fischen, Vögeln und Meeressäugern an. Erst Anfang des Jahres wurde das Gift in eingelegten Rollmöpsen entdeckt. Dass es auch das menschliche Hormonsystem stören kann, haben Bonner Wissenschaftler durch Experimente an Zellkulturen gezeigt (siehe *mare* No. 17, Seite 115).

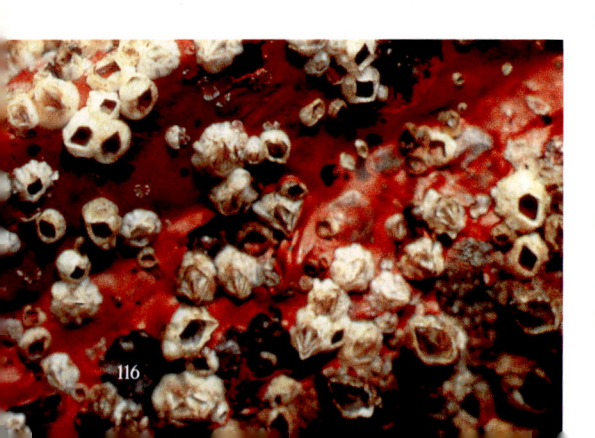

Hartnäckig und lästig:
Seepocken auf der Bootswand.
Solche Krusten erhöhen den
Treibstoffverbrauch

Schiffsanstriche gefährden die Gesundheit und belasten die Umwelt

Mittlerweile lagert TBT in so hohen Konzentrationen im Sediment, dass Wissenschaftler und Umweltorganisationen rund um den Globus Alarm schlagen. Auf Segelyachten und Sportbooten sind Organozinn-Verbindungen, zu denen TBT zählt, schon seit mehr als zehn Jahren verboten. Doch die Berufsschifffahrt setzt noch immer fast ausschließlich auf TBT. Damit soll nach dem Willen der Bundesregierung, die sich der Forderung der Internationalen Schifffahrtsorganisation IMO angeschlossen hat, ab dem Jahr 2003 Schluss sein.

Die Suche nach unbedenklichen Alternativen führt viele Forscher zu den Meeresorganismen, die sich schon seit Millionen von Jahren vor dem lästigen Bewuchs zu schützen wissen. Martin Wahl, Meeresbiologe an der Universität Kiel, hat zahlreiche Nordseebewohner auf ihre Antibewuchs-Strategien untersucht. Wie vielfältig die sein können, zeigt das Beispiel der Miesmuschel. Als Jungmuscheln reinigen sie ihre Schalen regelmäßig mit ihrem muskulösen Fuß. Außerdem ist die Außenseite der Schalen fein gerippelt, was es Seepockenlarven erschwert, sich darauf festzusetzen. Die dritte und effektivste Strategie ist jedoch das Leben in der Gruppe: Große Muschelbänke erzeugen einen enormen Wassersog, mit dem sie die meisten Larven einfach einsaugen und als Nahrung verdauen. Bei allen Tieren und Pflanzen, die Wahl untersuchte, fand er eine Gemeinsamkeit: „Sie verlassen sich auf mehrere Abwehrmechanismen statt auf eine hochgiftige Substanz, gegen die sie sich ja selbst schützen müssten."

Andere Wissenschaftler holen sich ihre Ideen auch bei den Traditionen von Naturvölkern. So hat sich der schwedische Chemiker Kjell K. Alm von Fell bespannten Kanus der Eskimos inspirieren lassen: Er erfand eine Art künstliches Robbenfell zum Aufsprühen. Unter dem Namen Seal-Coat ist das Produkt seit einem Jahr auf dem Markt. Mit einem Gerät, das an einen Föhn erinnert, werden dabei ein Millimeter lange, elektrostatisch aufgeladene Kunststofffasern senkrecht auf die noch feuchte Schiffsfarbe geblasen. Dabei entsteht ein dichter, samtartiger Kunstpelz, der das Andocken der Larven verhindern soll. Während der Fahrt bewegen sich die Härchen leicht gegeneinander und reinigen sich auf diese Weise selbst. Die Beschichtung ist jedoch sehr zeitaufwendig und bislang reine Handarbeit.

Auch die Schiffslackhersteller, die derzeit gut an den TBT-Farben verdienen, wollen angesichts des drohenden TBT-Totalverbots den Anschluss an die giftfreie Zukunft nicht verpassen. Sie experimentieren vor allem mit Anstrichen auf Silikonbasis, die nach dem Prinzip einer Teflonpfanne funktionieren. Auf der rutschigen, Wasser abweisenden Beschichtung können sich die unerwünschten Mitfahrer nicht richtig festhalten und werden durch die Strömung leicht abgelöst.

Wie man diesen Überzug noch effektiver machen kann, haben schwedische Wissenschaftler von der Technischen Universität in Göteborg herausgefunden. Mit Hilfe eines feinmaschigen Netzes prägen sie auf die noch weiche Silikonoberfläche eine mikroskopisch kleine Hügellandschaft – ähnlich der von Miesmuscheln. Das hält vor allem Seepocken fern, die zur Ansiedlung möglichst ebene Flächen bevorzugen.

Um die Effektivität giftfreier Anstriche in der Großschifffahrt praxisnah zu testen und Vorbehalte gegen die Alternativen abzubauen, startete der World Wide Fund for Nature (WWF) im Herbst 1999 ein Forschungsprojekt mit Farbfirmen, Reedereien und Schiffseignern, das von der Deutschen Bundesstiftung Umwelt unterstützt wird. 25 Schiffe vom Containerschiff bis zum Polizeiboot tragen seitdem giftfreie Testbeschichtungen, deren Wirksamkeit in den folgenden zweieinhalb Jahren untersucht wird. Das Einsatzgebiet der Schiffe reicht von der Nord- und Ostsee über das Mittelmeer und den gesamten Atlantik bis hin zu den Polarregionen und deckt damit einen großen Bereich der kommerziellen Schifffahrt ab. „Wir sind froh, dass wir so viele Versuchsteilnehmer finden konnten", freut sich Projektleiterin Sabine Otto vom WWF. „Bislang sind die Reeder gegenüber neuen Produkten äußerst skeptisch." Nicht so die Reederei Hapag-Lloyd, die sich mit dem Kreuzfahrtschiff MS „Bremen" an dem Großversuch beteiligt. Bärbel Krämer, Umweltbeauftragte des Unternehmens, begründet dies so: „Da wir mit unseren Schiffen auch ökologisch sehr sensible Gewässer wie die der Antarktis oder Arktis befahren, wollen wir auf gifthaltige Farben möglichst bald verzichten." Wissenschaftlicher Leiter des WWF-Projektes ist Burkard Watermann vom Hamburger Forschungsinstitut Limnomar, der sich seit

„Selbstpolierende Anstriche" könnten eine Alternative sein

über zehn Jahren mit dem Thema giftfreie Schiffsanstriche beschäftigt. In regelmäßigen Abständen inspiziert er die Testanstriche auf ihre Antihaft-Wirkung.

An einem sonnigen Herbstsonntag führt ihn seine Kontrollreise nach Norderney zum Fährschiff „Wappen von Borkum". Wie ein gestrandeter Wal liegt das 25 Meter lange Schiff bei Niedrigwasser auf dem Watt und präsentiert seine drei Meter breiten roten, gelben und weißen Testflächen, jede von einem anderen Hersteller aufgebracht. Mit der Lupe in der Hand schreitet Watermann, gefolgt von einer ganzen Schar weiterer Wissenschaftler seines Instituts, den Rumpf ab und ermittelt, welche Tier- und Algenarten sich seit Versuchsbeginn auf den einzelnen Abschnitten angesiedelt haben. Neben der Größe und Länge der Organismen ermitteln die Forscher mit Hilfe einer kleinen Federwaage, wie fest die unliebsamen Mitfahrer auf dem Rumpf haften.

Auch einige Firmenvertreter haben sich auf den Weg zu der kleinen Nordseeinsel gemacht, gespannt, wie ihre Produkte abschneiden. Während die Silikonhersteller einen zufriedenen Eindruck machen, watet der Deutschlandvertreter von Seal-Coat enttäuscht durchs knietiefe Wasser. Ein dicker Pelz aus Algen, Muscheln und Seepocken hat sich auf dem Kunstfell breit gemacht. Auch Sabine Otto vom WWF ist vom schlechten Abschneiden des künstlichen Pelzes enttäuscht: „In früheren Versuchen hat SealCoat immer besonders gut abgeschnitten."

„Völlig ausgereift ist bislang keines der Produkte", resümiert Burkard Watermann. Trotz Erfolg versprechender Ansätze glaubt er nicht an eine einfache Lösung: „Den universellen TBT-Ersatz wird es nicht geben, zu unterschiedlich sind die Einsatzgebiete der Schiffe und damit die Anforderungen an den Bewuchsschutz." Silikon ist empfindlich und eignet sich daher nicht für Schiffe, die mechanisch stark beansprucht werden, beispielsweise, indem sie durch Gewässer mit Eisschollen pflügen. SealCoat funktioniert nur bei Schiffen, die sich viel und schnell bewegen.

Eines der Haupthindernisse für die giftfreien Alternativen sind jedoch die hohen Kosten. Anstriche aus Silikon oder mit

Verschiedene Beschichtungen mit TBT-Ersatzstoffen auf einem Schiffsrumpf ermöglichen einen Vergleich ihrer Wirksamkeit

Die makellose Haut von Pilotwalen bringt Wissenschaftler vielleicht auf die entscheidende Idee, um ungiftige Schiffsanstriche zu entwickeln

SealCoat sind bislang fünf- bis zehnmal so teuer wie herkömmliche Anstriche. Watermann fürchtet daher, dass nach einem Verbot von TBT die Mehrzahl der Schiffsbetreiber auf kupferhaltige Farben umsteigen wird. Die sind billig und weniger schädlich als das Megagift, aber nicht unbedenklich für die Umwelt. „Vermutlich werden auch die Kupferfarben schnell unter Beschuss kommen", sagt Watermann.

Eine preiswertere Alternative wären so genannte „selbstpolierende Anstriche" aus Acryllack. Sie bestehen aus vielen übereinander liegenden Farbschichten, die sich nach und nach mit den darauf siedelnden Lebewesen ablösen. Der Haken bei der Sache: Es gibt bislang keine Langzeituntersuchungen, wie sich die abgelösten Farbpartikel auf die Umwelt auswirken, und der Lack muss jedes Jahr erneuert werden. Für Frachtschiffe und Kreuzfahrtschiffe, die nur alle drei bis fünf Jahre ins Dock kommen, sind sie somit keine Lösung.

Trotz der Mehrkosten planen mehrere Bundesbehörden schon jetzt den Einstieg in den Ausstieg aus der Giftfalle. Das Bundesamt für Seeschifffahrt und Hydrografie (BSH) rüstet derzeit nach und nach alle seine Forschungsschiffe auf giftfreie Lacke um. Für Walter Bartscher, Referatsleiter Schiffe und Geräte beim BSH, ist das nur konsequent: „Da wir im Auftrag der Regierung die Gewässergüte der Nord- und Ostsee überprüfen, müssen wir mit gutem Beispiel vorangehen und unseren Beitrag zum Umweltschutz leisten." Auch die Bundesmarine hat dem TBT den Kampf angesagt. Seit Herbst 2000 schwimmt die Fregatte „Mecklenburg-Vorpommern" zu Testzwecken mit einer Silikonhaut durchs Meer.

Und das private Forschungsinstitut Bioplan aus Groß-Stove bei Rostock forscht im Auftrag der Bundesmarine an einer völlig neuen Waffe gegen unerwünschten Schiffsbewuchs: einem elektrischen Schutzschild. Zusammen mit vier kleinen Firmen vor Ort entwickelten die Biologen des Instituts ein mehrschichtiges System aus elektrisch leitfähigen Unterwasserlacken, deren wichtigster Bestandteil eine Titanschicht ist. Werden die Lacke über eine dünne Kupferfolie unter Gleichstrom gesetzt, bildet sich auf ihnen ein hauchdünner Wasserfilm, der je nach Stromrichtung saurer oder basischer als das Umgebungswasser ist. Ändern die Forscher den Säuregrad in einem bestimmten Rhythmus, halten sich die Bewuchsorganismen von den unter Strom gesetzten Oberflächen fern. Auf einem schwimmenden Ponton hat sich das System schon bewährt. Im Sommer sollen auf einem Schiff Testflächen angebracht werden.

Ein Antihaft-Mittel der Luxusklasse leistet sich schon heute die amerikanische Kriegsmarine: eine dünne Schicht aus Rohdiamanten. Sie schützt den Bug ihrer U-Boote nicht nur beim Durchbrechen von Eisplatten in polaren Gewässern, sondern auch vor „blinden Passagieren". ∞

Helmut Broeg hat auch den Beitrag ab Seite 94 geschrieben

mare SHOP
NEU

Wie, die Erde ist gar keine Scheibe?

Peter Schanz wollte nicht einfach so glauben, dass unser Heimatplanet eine Kugel ist. Um herauszufinden, ob man nicht vielleicht doch irgendwann vom Rand der Scheibe fällt, fuhr er auf einem Frachtschiff einmal rundherum. Schanz erzählt von Häfen, Hitze und Containern, beschreibt Stürme, Gerüche und Geräusche, verrät Geheimnisse des Seemannslebens.

Erfahren hat Schanz bei seiner Reise zweierlei: dass das Meer wirklich blau ist – und die Erde eine Kugel, näherungsweise

Das neue **mare***-Hörbuch „87 Tage Blau. Logbuch einer Erdumrundung" können Sie ab sofort für DM/sFr 32 / öS 237 beim* **mare***-Versandservice bestellen: Bestell-Nr. 89-X, Bestell-Adressen auf Seite 123*

mare
Hörbücher

**GARY KINDER:
DAS GOLDSCHIFF**
Die moderne Schatzsuche nach 21 Tonnen versunkenen Goldes
350 Minuten
5 CDs, DM/sFr 69,90 / öS 517,
Bestell-Nr. 09-1
4 MCs, DM/sFr 59,90 / öS 443,
Bestell-Nr. 24-5

**FELICITAS HOPPE:
PIGAFETTAS KÖCHE**
Auf einem Containerschiff in 104 Tagen um die Welt
100 Minuten
2 CDs, DM/sFr 46,90 / öS 347,
Bestell-Nr. 07-5
2 MCs, DM/sFr 34,90 / öS 258,
Bestell-Nr. 08-3

**ALESSANDRO BARICCO:
OCEANO MARE**
Eine Pension am äußersten Rand der Welt, ein Buch voller Poesie und Weisheit, über die Sehnsucht nach Erkenntnis und Wahrheit, über Genies, Träumer und Sinnsucher
5 CDs, DM/sFr 79 / öS 585,
Bestell-Nr. 28-8
4 MCs, DM/sFr 69 / öS 511,
Bestell-Nr. 27-X

SAMMELEDITION

5 CDs, DM/sFr 49,90 / öS 369,
Bestell-Nr. 85-7

TOSENDE WINDE UND STILLE STUNDEN
mare-Essays über Thomas Mann, Walter Benjamin und den Fliegenden Holländer. Dazu eine Reportage über eine luxuriöse Atlantikpassage

SALZIGE UMARMUNG
mare-Geschichten von Frauen, die Schiffe kapern, von brasilianischen Hafenmädchen und sinnlichen Matrosen

DIE ALLTÄGLICHKEIT DES ABENTEUERS
mare-Reportagen vom Kaspischen Meer und von russischen Seekadetten. Dazu der Bericht einer historischen Expedition ins Nordmeer

NASSE BERUFUNG
mare-Reportagen aus aller Welt über Menschen, die am oder im Meer arbeiten

VERFÜHRUNG IM SCHATTEN DER DÜNEN
Literarische Spaziergänge mit Max Frisch, Pablo Neruda und Marguerite Duras sowie ein Besuch in der Blauen Grotte von Capri

3 MCs (TOSENDE WINDE UND STILLE STUNDEN, SALZIGE UMARMUNG, DIE ALLTÄGLICHKEIT DES ABENTEUERS)
DM/sFr 29,90 / öS 221,
Bestell-Nr. 84-9

mare
Buch

**ELISABETH MANN BORGESE:
MIT DEN MEEREN LEBEN**

Die Autorin, 1918 als jüngste Tochter von Thomas Mann geboren, legt mit ihrem Bericht an den Club of Rome ein bewegendes Plädoyer für die Weltmeere vor. Ein unverzichtbares Buch für alle, die die Meere lieben
39,90 Mark. Beim mare-Service (Bestell-Nr. 68-5, Lieferzeit circa 2 Wochen) oder im Buchhandel (ISBN: 3-462-02868-5)

mare
Schuber

Der mare-Schoner aus Acryl macht aus den Heften eine piekfeine mare-Sammlung. In die glasklaren Kunststoffboxen mit Griffmulde passen jeweils fünf Hefte
DM/sFr 17,90 / öS 130,
Bestell-Nr. 0101

mare
Handtuch

Eine Grundlage für die mare-Lektüre, sei es am Strand oder im Grünen: das Handtuch in der Größe 2 mal 1 Meter mit aufgesticktem mare-Schriftzug
DM/sFr 49 / öS 350, Bestell-Nr. 99-1

mare
Register

Mit dem Register wird Ihre mare-Sammlung zum Nachschlagewerk. Sie können darin bequem auf 224 Seiten in den Inhalten der Hefte 1–25 stöbern – egal, ob Sie nun nach bestimmten Orten, Themen, Autoren oder dem Inhaltsverzeichnis eines der Hefte suchen
DM/sFr 23,80 / öS 170,
Bestell-Nr. 21-1

**Bestellmöglichkeiten:
nächste Doppelseite**

mare
SHOP
zum Bestellen

No. 1 – Transatlantik — Losfahren und Ankommen. Der Ozean. *HEFT VERGRIFFEN*

No. 2 – Muschel — Perlen und Geschmack, Baukunst und Eros. *HEFT VERGRIFFEN*

No. 3 – Welle — Unendliche Energie. Ultimativer Ritt. Unmögliche Frisur. *HEFT VERGRIFFEN*

No. 4 – Seeleute — Landgang und Langeweile. Leben und Lust.

No. 5 – Freiheit — Fluchten und Fahrten. Fernweh und Faszination.

No. 6 – Eis — Majestätische Schönheit. Märchenhaftes Leben. Maßlose Kälte. *HEFT VERGRIFFEN*

No. 7 – Piraten & Meuterer — Legenden der Leinwand und Literatur. Gefährliche Gangster der Gegenwart.

No. 8 – Strand — Das Ende der begehbaren Welt. Fußball. Ferien. Viecher.

No. 9 – Tintenfisch — Das Ungeheuer für Kunst und Kochtopf.

No. 10 – Schweiz — Das Meer ruft. Ein Land legt ab.

No. 11 – Wind & Wetter — Fluten. Flaute. Fliegende Holländer.

No. 12 – Hafen — Container und Ratten. Kommen und Gehen.

No. 13 – Tiefsee — Nachtleben. Eine Gesellschaft unter Hochdruck. *HEFT VERGRIFFEN*

No. 14 – Hai — Täter? Opfer? Oder der nette Fisch von nebenan? *HEFT VERGRIFFEN*

No. 15 – Blau — Janosch malt. Die Grotte lockt. Und warum ist das Meer nicht rot?

mare
Hefte/Plakate

Die Titelbilder der Hefte 1 bis 9 sowie 11 bis 15 sind als Plakate im Format 75 x 56 cm erschienen und kosten DM/sFr 14 / öS 110.

mare-Hefte sind, soweit nicht vergriffen, zum Preis von DM/sFr 14 / öS 110 erhältlich.

mare-Shop im Internet
www.mare.de

Alle Artikel zu bestellen beim
mare-Service
Tel.: 0781/639-6810
Fax: 0781/639-6191

oder schriftlich:
mare-Service
Postfach 88
77649 Offenburg

oder per E-Mail:
service@mare.de

Alle Preise plus Versandkosten, im Inland pauschal 8 DM (in die Schweiz: 8 sFr, nach Österreich: 57 öS). Die Versandkosten entfallen, wenn der Bestellwert den Betrag von 100 DM/sFr bzw. 750 öS überschreitet. Rechnung liegt der Lieferung bei.

Bitte geben Sie die Bestell- bzw. Heft- oder Plakatnummer an.

Salon

Hans Werner Henze: *"Das Floß der Medusa"*,
Edda Moser, Dietrich Fischer-Dieskau, Charles Regnier,
Chor des Norddeutschen Rundfunks, Rias-Kammerchor,
Mitglieder des Hamburger Knabenchors St. Nikolai
und das NDR-Sinfonieorchester,
The Henze Collection,
Deutsche Grammophon 449 871-2

Untergang mit Pauken und Trompeten
Das „Floß der Medusa" als Oper – wunderbar. Aber als Allegorie auf den Klassenkampf? Die Bildungsbürger waren entsetzt

HAMBURG, 9. DEZEMBER 1968. VERwirrung in der Mehrzweckhalle „Planten un Blomen". Eine rote Fahne ist am Dirigentenpult aufgetaucht. Keiner weiß, wer sie dort angebracht hat. Ausgerechnet am Premierenabend. Hans Werner Henze weigert sich, das Tuch zu entfernen. Als ob der Mann nicht schon umstritten genug wäre. Der Rias-Kammerchor skandiert: „Die Fahne weg! Die Fahne weg!" Fischer-Dieskau schimpft, Edda Moser umarmt Solidarität bekundend den Komponisten, Polizei stürmt die Halle, und es prügeln, wie Henze sich später erinnert, „verschiedene sozialistische Denkschülergruppen aufeinander ein".

Nach dem Debakel bricht der Zorn der bürgerlichen Presse über Henze herein. Der damals 42-jährige Komponist wird beschuldigt, die Aufführung seines eigenen Werks verhindert zu haben; er sei „für das Deutsche Musikleben erst mal erledigt". Sein Werk interessierte niemanden mehr. „Das Floß der Medusa" war sang- und klanglos abgesoffen.

Dass sich der Skandal an einer roten Fahne entzündet, ist eine Ironie der Kulturgeschichte. Ein rotes Stück Stoff steht nämlich auch im Zentrum von Théodore Géricaults Gemälde „Le Radeau de la Méduse" (siehe mare No. 16), das Henze inspirierte. Bei Géricault ist der Fetzen ein Signal der Hoffnung – ein Signal, welches die Schiffbrüchigen einem vorbeisegelnden Schiff entgegenschwenken.

„Das Floß der Medusa", so der Komponist im besten APO-Jargon, „berichtet vom dramatischen Todes- und Überlebenskampf von Menschen aus der Dritten Welt, die auf einem Floß an der westafrikanischen Küste von Vertretern einer herz- und gedankenlosen Herrschaftskaste ihrem Schicksal überlassen worden waren." Hans Werner Henze und sein Librettist verstehen ihr Oratorium als eine musikalische Solidaritätsbekundung mit den revolutionären Bewegungen in den Entwicklungsländern. Aus aktuellem Anlass beschließen sie, das Werk zu einer „Trauerallegorie" für den 1967 erschossenen Che Guevara zu erklären. Henze will die Stimmen der Geknechteten hörbar machen, ihr Klagen und Wimmern, ihr Schreien und Murmeln.

„Das Floß der Medusa" verbindet klassische Formen und revolutionäre Formeln, Requiem und Deklamation, Dante und Che, Echospiele aus der Monteverdi-Zeit, Beatorgeln und E-Gitarren. Es ist das Werk eines Komponisten, der trotz seiner Sympathien für die Revolution „eher angetan als abgestoßen von den Errungenschaften der bürgerlichen Kunst war, ganz wie man von den Annehmlichkeiten des westlichen Automobilbaus oder der modernen Morphologie angetan sein kann".

Hatte Géricault die Gestalten auf seinem Floß in einem Stil gemalt, der bis dato christlichen Märtyrern oder antiken Helden vorbehalten war, so möchte Henze die Schiffbrüchigen „so edel in ihrem Leiden wie keinen der größten Heroen oder Gottheiten der Weltgeschichte" darstellen.

Dank seines dokumentarischen Charakters hört sich das Oratorium streckenweise wie ein spannendes Hörspiel an. Als das Floß nach 73 Minuten gerettet wird, sind die meisten der 154 Schiffbrüchigen, die von den Offizieren auf den Rettungsbooten abgewiesen wurden, gestorben. „Die Überlebenden aber", heißt es im Finale, „kehrten in die Welt zurück: belehrt von Wirklichkeit, fiebernd, sie umzustürzen." Die letzten Sätze seines Oratoriums unterlegt Henze mit dem Rhythmus eines Sprechgesangs, der 1968 in aller Ohren war: „Ho-, Ho-, Ho-Tschi-minh!"

Die Aufnahme des Oratoriums stammt übrigens von den Generalproben der verhinderten Uraufführung: „Die Energien sind da nicht voll entfaltet, man dirigiert, singt und spielt sachlich, gibt kräftemäßig nur die Hälfte, kalkulierend, sich auf den Abend vorbereitend", kritisiert Henze den Mitschnitt. 32 Jahre später wirkt diese Sachlichkeit wie gewolltes Understatement. Die rote Fahne muss sich inzwischen eben jeder selbst dazudenken.

Gero Günther

Die Premiere platzt. Der Komponist geht. Die Oper stirbt    Hans Werner Henze, 1974

Christian Mähr:
„Die letzte Insel",
Roman, DuMont Buchverlag,
Köln 2001, 215 Seiten,
39,80 Mark

Invasion der Toten
Eine schaurige Legende von den Kanarischen Inseln wird wahr

EIGENTLICH SIND DIE TOTEN GANZ umgängliche Leute. Ein bisschen sonderbar und unbedarft, können nicht „Ich", nur „Wir" sagen und interessieren sich brennend für geometrische Muster aller Art: für Blütengeäder, Rinnsale im Sand oder Fußspuren im Straßenstaub. Sie wollen keinem Menschen etwas Böses und fallen den wenigsten auf. Denn die Toten sind unsichtbar, für fast alle Lebenden.

So unsichtbar wie San Borondon, ihr Zuhause. San Borondon ist die achte, unentdeckte Insel der Kanaren – „Die letzte Insel" in Christian Mährs gleichnamigem Roman. Auf den Landkarten besteht der kanarische Archipel aus sieben größeren Inseln, doch seit dem Altertum haben Seeleute und manche Kanarier selbst immer wieder, mal hier, mal dort, eine achte gesehen. Unvermutet tauchte sie auf, für ein paar Stunden nur oder Tage, ja wochenlang, vielleicht ein Stück des untergegangenen Atlantis, das noch einmal vom Meeresgrund ans Tageslicht stieg. Klarer Fall, dass auf dem Zauberland das irdische Paradies vermutet wurde. Wer aber hingelangen wollte, scheiterte: San Borondon, ein Traumbild, eine Luftspiegelung, löste sich in Nichts auf.

Zu denen, die San Borondon sehen können, gehört der Ich-Erzähler des Romans, ein Verfasser heiterer Unterhaltungsliteratur, der auf Gomera Ferien machen und an einem neuen Buch arbeiten will. In einem „Pauschaltouristenghetto", auch das gibt's auf der populären Aussteigerinsel, bezieht er ein Apartment mit Meerblick.

Was er da draußen im Atlantik, westlich der bekannten Inseln, wahrnimmt, zieht ihn in seinen Bann: „Schwere Masse, schwarz, mit silbrigem Lichtsaum." Barbara, seine Frau, bemerkt gar nichts; ein paar andere Touristen aber erkennen die Insel gleichfalls und können sich nicht lösen vom Geheimnisvollen, das sie umgibt. Und damit nimmt das Unglück seinen Lauf.

Der Geschichte dieses Unglücks gibt Christian Mähr ein atemberaubendes Tempo: Expedition nach San Borondon. Einer kehrt nicht zurück. Invasion der freundlichen Toten auf Gomera. Leider bringen die Toten ohne jede böse Absicht viele Lebende um – die Inselbehörden interpretieren das Massensterben als mysteriöse Seuche, die um jeden Preis gestoppt werden muss. Die wenigen Sehenden aber fragen sich: Wie wird man die Toten bloß wieder los, wie schafft man sie zurück in ihr Revier?

Eine fantastische, verrückte Geschichte, deren Clou gerade ihre Verrücktheit ist: In Mährs Roman läuft die handfeste Wirklichkeit aus dem Ruder, sie wird durchlässig für eine andere, für ihre Schattenseite, von der sich kein vernünftiger Mensch je etwas träumen lässt. Virtuos spielt der Autor mit kanarischen Legenden, die sich seit alter Zeit um die sagenhafte Insel ranken, und verknüpft sie mit Bildern aus der griechischen Mythologie. Eine Art Charon, Fährmann der Seelen im Hades, steuert am Ende des Romans ein großes Totenschiff gen Westen.

Das alles wird in lapidarem Ton erzählt, ironisch und voll aufgeklärter Skepsis gegenüber dem, was doch nicht wahr sein kann. Mit jeder Seite steigt die Spannung, wächst die Erwartung, dass gleich noch mehr Unglaubliches geschieht. So ist es schade, dass auch dieses Buch ein Ende haben muss. San Borondon und die Toten aber werden, das steht nach der Lektüre felsenfest, schon weiterleben, irgendwie und irgendwo.

Gregor Gumpert

Salon

Heinz Dombrowski: *„Von Nietern, Schweißern und Kedelkloppern. Werftfotografien 1957",*
Dölling und Galitz, Hamburg 2001,
96 Seiten, 34 Mark
Ausstellung der Bilder im Altonaer Museum (noch bis zum 5. 8. 2001)

Bilder von der Baustelle
Ein Werbefotograf, der Werften und Schiffe liebt, erzählt schwarz-weiß die Geschichte einer versunkenen Arbeitswelt

DER ERSTE GROSSAUFTRAG, DEN HEINZ Dombrowski nach dem Krieg an Land zieht, ist reine Mühsal: Er porträtiert die 6000 Angestellten der Hamburger Hochbahn für die Betriebsausweise. Auch die nächste Bestellung verlangt eher nach einem Handwerker denn nach einem Künstler. Dombrowski soll sämtliche Häuser in Altona ablichten, die in einem Sanierungsgebiet der Neuen Heimat liegen. Aber dann fragt 1957 der Mineralölkonzern Esso an, ob Dombrowski den Bau des damals weltgrößten Öltankers – der „Esso Deutschland" – dokumentieren will.

Das Ergebnis, anlässlich einer Ausstellung im Altonaer Museum als Bildband erschienen, ist das einzigartige Porträt einer versunkenen Arbeitswelt. Der Bau des 300 Meter langen Tankers gehörte zu den letzten Höhepunkten vor dem langsamen Niedergang des Schiffbaus in Deutschland. Der Werbefotograf Heinz Dombrowski experimentiert dabei mit einem völlig neuen Stil: Um den Betrieb auf der Werft so realitätstreu wie möglich abzubilden, bemüht er sich, ohne inszenierte oder mit Blitzlicht dramatisierte Fotos auszukommen. Dombrowskis Reportagen brechen so mit der von August Sander begründeten Tradition, Arbeiter nur mit den für ihre Zunft symbolischen Insignien aufzunehmen, damit der Betrachter am Werkzeug gleich erkenne, wen er vor sich hat.

„Sicher habe ich bei diesem Vorgehen auch Bilder ausgelassen, die zum Schiffbau unbedingt gehören. Aber mir kam es darauf an, attraktive Fotos zu machen", erklärt Dombrowski seine Arbeitsweise. Er weigert sich auch, die übliche Bildsprache der Industriefotografen aufzugreifen und den Arbeiter als entmenschten Bestandteil einer Maschine darzustellen. Zum Glück sind sich Fotograf und Auftraggeber in diesem Punkt einig: Die Reportage soll kein Loblied auf Ingenieurskunst und Technik werden.

„Die Werftarbeiter, das sind so nette Kumpels", erzählt Dombrowski von seiner Zeit auf der Deutschen Werft. „Als ob ich der Bruder wäre, so haben sie mich behandelt, lieb und nett, und haben mir beim Mittagessen ihre Bierflasche rübergeschoben. Und ich war einer von ihnen. Ich war ja auch nicht aufdringlich." Unter Brüdern ziert und verkrampft man sich nicht. Das ist den Aufnahmen anzusehen.

Dombrowski ist dabei, als die Arbeiter zur ersten Schicht auf die Werft strömen. Er schaut ins Konstruktionsbüro, folgt den Stahlplatten vom Zuschnitt bis zur Montage, besucht die Kedelklopper an ihrem engen Arbeitsplatz – sie nieten die Rohre der Dampfkessel zusammen. Die Fotografien erlauben, jeden Arbeitsschritt zu verfolgen, sie bleiben nah dran, bis der Koloss fertig ist. Nach sechs Monaten läuft der Tanker vom Stapel.

Als das Schiff seinen Namen erhält, macht Dombrowski die erste und einzige gestellte Aufnahme: „Wir haben einen Schlepper gemietet, der mich hin und her fuhr. Und der Maler hat dann auf seinem Sitzbrett an zwei Tauen hängend das D von ‚Esso Deutschland' gemalt."

Martin Droschke

1957 entsteht das größte bewegliche Objekt der Welt – der Tanker „Esso Deutschland"

von links außen: An der Schiffsschraube, Blick ins Schottenskelett, Einwinker für den Kran

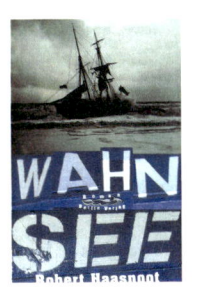

Robert Haasnoot: *"Wahnsee"*, aus dem Niederländischen von Christiane Kuby, Berlin Verlag, Berlin 2001, 224 Seiten, 36 Mark

Der Herr lenkt
Die Besatzung eines Fischkutters liest lieber Bibel als Seekarte

WIR SCHREIBEN DAS JAHR 1915 UND begeben uns in ein Fischerdorf an der holländischen Nordseeküste. Es ist ein idyllisches Örtchen, dessen Bewohner sich auf verschiedene christliche Gemeinden verteilen. Täglich liest man die Bibel, wetteifert um die richtige Auslegung, streitet um den einzig möglichen Lebenswandel.

Bald werden wir Zeuge seltsamer Vorgänge: 13 Männer sind mit dem Kutter „Noordster" unterwegs zu den Fischgründen bei der Doggerbank. Zur Besatzung gehört auch Arend Falkenier, ein Kahlköpfiger, ein Heringsfischer, ein tief religiöser Mann, der daheim den Ruf eines Wundertätigen genießt. Gottesfürchtig lebt man an Bord, liest regelmäßig die Heilige Schrift, erfreut sich daran, bekehrt zu sein.

Doch Falkenier sieht mehr: Er sieht das Ende der Welt heraufziehen, er weiß den Himmel zu deuten, den Schlag der Wellen, die Farbe des Meeres. Erscheint ihm anfangs noch Gott im Traum, spricht bald Gott direkt aus ihm. Immer öfter wird jetzt über die Bibelstellen gerätselt, die Falkenier ihnen vorlegt, die er ihnen ausdeutet, bis er bald keinen Widerspruch mehr duldet: Das Jüngste Gericht steht nicht bevor, es ist längst da! Und nun – wo daheim alles im Kampf mit dem Teufel zugrunde gegangen ist – soll man nicht Kurs auf Jerusalem nehmen, wo Gott mit einem weißen Schiff noch kurze Zeit auf sie wartet? Vorsorglich zerschlägt Falkenier den Kompass, damit allein der Herr ihre weiteren Schritte lenkt.

Diese Geschichte hat einen wahren Hintergrund, wobei Robert Haasnoot seinen Text als Fiktion, als Ausschmückung der Fakten verstanden wissen will. Seinerzeit wurden Psychiater beauftragt, die Schuldfähigkeit des Mannes festzustellen, der ein Schiff in seine Gewalt brachte. Anschließend wurden die Akten hastig weggeschlossen. Man holte sie im Jahre 1944 wieder hervor – als sich ein ähnlicher Vorgang wiederum vor der niederländischen Küste ereignete.

Haasnoot kennt sich in der Szenerie der christlichen Gruppen und Grüppchen im streng calvinistischen Holland gut aus. Er selbst wuchs in einem Fischerdorf in einer tief religiösen Familie heran. Allerdings betont er, dass sein Buch keineswegs eine persönliche Abrechnung mit seiner christlich-fundamentalistischen Herkunft ist, sich vielmehr mit zwei Fragen beschäftigt: Wie kann es kommen, dass eine Gruppe durch das Wirken eines Einzelnen außer Rand und Band gerät? Und wie kann man das Abgleiten in religiösen Wahn gerade für Außenstehende sprachlich überzeugend ausdrücken?

Wie Haasnoot das Leben eines in sich geschlossenen Fischerdorfes skizziert, wie er Passagen aus der Johannes-Offenbarung in die Handlung integriert, wie er Schritt für Schritt und mit unerbittlicher Konsequenz ein klaustrophobisches Szenarium sondergleichen schmiedet, das ist nicht nur handwerklich perfekt gelungen, sondern das lässt einen auch beim Lesen angst und klamm werden. Hier ist keiner am Werk, der ein bisschen über die Gefahren der Seefahrt plaudert, sich dies und jenes über christliche Sekten angelesen hat und sich mangels näherer Kenntnisse in Klischees verliert.

So fügen sich zwei Fähigkeiten des Autors ganz wunderbar zusammen: zu wissen, wovon er schreibt; und so zu schreiben, dass man sich mit jeder Seite mehr unter den Matrosen wähnt und eine Stimme hört, die da dröhnend sagt: „Wir haben einen Verräter in unserer Mitte. Oh, ich weiß es, ich fühle es."

Frank Keil

Im Netz

www.virtualfishtank.com

Und der Haifisch, der hat Zähne...

Heute spiele ich Gott. Ich schenke einem kleinen Fisch Form und Leben. Er wird im Parallel-Universum des Internets schwimmen, in der cartoonbunten Simulation eines geräumigen Aquariums. Meine Schöpfung ist ein Cyberfisch, aber er kommt der Definition von Leben, wie sie im Lexikon zu finden ist, schon recht nahe. Er frisst, er wächst, er pflanzt sich fort. Die Betreiber von virtualfishtank.com helfen mir beim Akt der Schöpfung mit einem Menü der Eigenschaften: Ich weise meinem Fisch einen Platz in der Nahrungskette zu, und sein hungriges Maul verzieht sich zu einem bedrohlichen Fangapparat. Ich schenke ihm periskopartige Stielaugen und spendiere ihm Flossen, die sich zu messerscharfen Klingen aufstellen. Nach Festlegung der Schwimmtiefe pumpt er sich zu doppelter Größe auf. Es ist vollbracht. Ich taufe meine Kreatur Eugen, der Wohlgeborene, doch mit dem Schöpferstolz ist es fix vorbei. Kaum hat sich Eugen freigeschwommen, da heftet sich ein Torpedo mit einem Maul voller Zähne an seine Heckflosse. Sekunden später ist alles vorbei. Ein paar dürre Gräten sinken in die Tiefen des Cyberbeckens. „Your fish was eaten by Sharky", meldet der Bildschirm. Eugens Leben währte genau 45 Sekunden. Und die Moral von der Geschichte? Der Erfolg hat immer die besseren Zähne. Auch in der Welt der Simulation gilt die unerbittliche Regel aller Schöpfung: fressen oder gefressen werden.

Eike Petersen

Salon

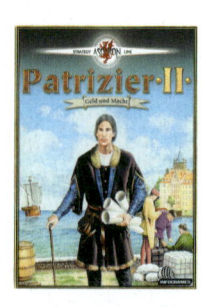

"Patrizier II", Ascaron, PC-Voraussetzungen: Pentium II, 32 MB RAM, CD-ROM-Laufwerk 4-fach, 4 MB Grafikkarte, DirectX7-kompatible Soundkarte, 90 Mark

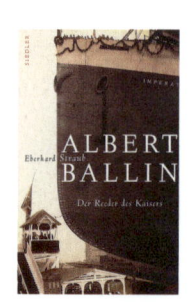

Eberhard Straub: *"Albert Ballin. Der Reeder des Kaisers"*, Siedler Verlag, Berlin 2001, 272 Seiten, 46 Abbildungen, 39,90 Mark

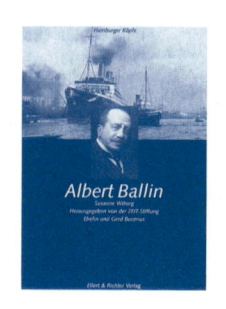

Susanne Wiborg: *"Albert Ballin"*, herausgegeben von der ZEIT-Stiftung, Reihe Hamburger Köpfe, Ellert & Richter Verlag, Hamburg 2000, 144 Seiten, 29,80 Mark

Hanseat auf Zeit
Handeln und wandeln wie die Kaufleute im Mittelalter. Ein Spiel

GEORG STROHMBERG IST HÄNDLER in Lübeck, und seine Geschäfte laufen nicht eben prächtig. Er besitzt zwar ein Schiff, aber die Gilde hat ihn noch nicht aufgenommen. Jetzt bekommt er in der Spelunke „Zum Krähennest" ein unmoralisches Angebot: Ein Pirat will – gegen eine Umsatzbeteiligung – Strohmbergs Schiff übernehmen. Soll er in den gemeinen Handel einschlagen?

Die Frage stellt sich dem Spieler von „Patrizier II", das die Welt der Hanse Anfang des 14. Jahrhunderts im Computer simuliert. In Echtzeit kann man Handel treiben, Schiffe erwerben, Kontore in anderen Hansestädten eröffnen und sich so vom kleinen Krämer zum angesehenen Mitglied der Hansegilde entwickeln. Dabei gilt es, geschickt zu taktieren – was etwa auch eine günstige Heirat einbeziehen.

Also was tun? Der Piratendeal scheint riskant. Von letzten Geld Leder kaufen, das in Riga knapp sein soll? Kein kluger Entschluss, wie sich nach tagelanger Seereise zeigt: Da Strohmberg in Riga kein Kontor besitzt, will niemand mit ihm Handel treiben. Und ohne Geld kann er auch kein Kontor eröffnen. So ist das Leben, auch in der Welt der Computerspiele.

Die Stärke von „Patrizier II" ist die komplexe Simulation von Entscheidungen und ihren Folgen. Von den damals geltenden Handelsgesetzen bis zur Darstellung hält sich das Spiel an den historischen Hintergrund der Hansezeit. Wie im wirklichen Leben geht es dabei vor allem um Geld und Macht. Einziger Unterschied: Im Falle des Bankrotts muss man sich keine Kugel in den Kopf jagen, sondern nur auf den Button „neues Spiel" klicken. ∞

Roland Brockmann

Reeder des Kaisers
Albert Ballin machte die Hapag zur größten Reederei der Welt

DER „HOFOZEANJUDE" UND SEIN KAIser lebten drei Jahrzehnte in Glanz und Gloria. Im Dreikaiserjahr 1888 folgte Wilhelm II. seinem Großvater und Reichsgründer Wilhelm I. und seinem krebskranken Vater, dem 90-Tage-Kaiser Friedrich III. Im selben Jahr wurde Albert Ballin in den Vorstand der Hapag berufen. Am 9. November 1918 verzichtete Wilhelm II. auf seinen Thron. Am selben Tage starb Albert Ballin an einer Überdosis Sublimat. Für beide war dieselbe Welt zusammengebrochen, ihre Zeit war abgelaufen.

Albert Ballin hatte sich aus kleinen Verhältnissen emporgearbeitet. Er verdiente am Auswanderungsgeschäft nach Amerika und verschaffte sich eine gewisse wirtschaftliche Beweglichkeit. Ballin beteiligte Hamburg an diesem Geschäft, zunächst auf eigene Rechnung. Dann wurde er Chefmanager der Hapag und machte die Hamburger Linie binnen kurzer Zeit zur größten Reederei der Welt.

Zwei Bücher, ein Thema: Eberhard Straub, Historiker Preußens, und Susanne Wiborg, Hanseatin, zeichnen von ihren Blickwinkeln aus ein ähnliches Bild des tüchtigen Reeders. Sie beschreiben ihn als diplomatisch verbindlich und als ökonomisch brutal. Er beherrschte alle Register – von der lukrativen Kooperation bis zur Vernichtung des Konkurrenten.

Natürlich handeln beide Bücher von Schiffen. Ballin setzte in der Hapag gegen anfangs erheblichen Widerstand den Doppelschraubendampfer durch. Er erfand den Hochseetourismus und ließ schwimmende Denkmäler wie die „Imperator" oder die „Bismarck" bauen. Das waren Schiffe, die nicht nur für die schnellste Nordatlantiküberquerung das „Blaue Band" erstritten – sie haben den „Michelin" dazu veranlasst, einen zusätzlichen zu den schon seltenen drei Sternen zu gewähren.

Beide Bücher heben die enorme politische Bedeutung der deutschen Handels- und Passagierflotte vor dem Ersten Weltkrieg hervor. Nicht nur Tirpitz forderte die Seemacht England heraus, auch die Hapag. Beide Bücher widmen sich der Frage, wie mit Albert Ballin ein Jude so hoch in der Gunst bei Hofe steigen konnte. Der preußische Antisemitismus der Kaiserzeit hatte zu Lande seine Hochburgen. An Handels- und Kriegsmarine hatten die Junker – noch – kein Interesse. ∞

Harald Loch

Schwimmendes Denkmal: Salon auf der „A. Ballin", 1925

Albert Ballin, 1857–1918

Giles Milton: „Muskatnuss und Musketen. Europas Wettlauf nach Ostindien", aus dem Englischen von Ulrich Enderwitz, Paul Zsolnay Verlag, Wien 2001, 447 Seiten, 49,80 Mark

Wichtiger als Gold
Die Wirkung der Würze auf den Gang der Geschichte

1492 GING ES LOS: KOLUMBUS SEGELTE mit seinen spanischen Schiffen links herum, der Portugiese Vasco da Gama wenig später rechts herum, die Engländer versuchten es schließlich oben um Amerika herum, irgendwo durchs Eis. 20 Jahre später war das Ziel erreicht. Admiral Afonso de Albuquerque, ein Portugiese, war 1511 als erster da. Nicht Gold oder Silber lockten die Entdecker über die gefährlichen Ozeane, sondern die winzigen Inseln im indonesischen Archipel, wo die Gewürznelke und besonders die Muskatnuss gedieh.

In den letzten acht Jahren sind stapelweise Bücher über Gewürzroute und -inseln geschrieben worden. Dennoch ist „Muskatnuss und Musketen" auch für Eingeweihte eine lohnenswerte Lektüre. Bisher standen vor allem die Spanier und Portugiesen im Vordergrund des Forscherinteresses. Giles Milton aber konzentriert sich auf die ökonomisch interessanteren Expeditionen der Engländer und Niederländer im 17. Jahrhundert.

Und er wartet mit einer schönen Anekdote von einem Immobilientausch auf: England gab den Holländern Run, die nebensächlichste der Neben-Muskatinseln, und erhielt dafür ganz woanders eine Halbinsel mit Zukunft: Manhattan. *ulk*

„Seemannschaft – Handbuch für den Yachtsport", herausgegeben vom Deutschen Hochseesportverband „Hansa", vollständig überarbeitete und erweiterte 25. Auflage, Delius Klasing, Bielefeld 2001, 724 Seiten, 78 Mark

Was Segler wissen
Gebrauchsanweisung für jedes Schiff: erst lesen, dann ablegen

ALS 1929 DAS ERSTE HANDBUCH DES Yachtsports erschien, füllte das Wissen eines Seglers 255 Seiten. Es ging ums Wenden, Halsen, Reffen und Yachtgebräuche wie diesen: „Weder der Herrensegler noch der bezahlte Mann darf je in Hemdsärmeln oder mit sichtbaren Hosenträgern herumlaufen." Solche Einträge haben die Autoren der 25. Ausgabe nicht mehr beschäftigt. Trotzdem zählt ihr Werk heute mehr als 700 Seiten.

Die „Seemannschaft" sprengt damit klar die Anforderung, die der Duden an ein Handbuch stellt: konzentriertes Wissen in handlichem Format. Der Wälzer bringt zwei Kilo auf die Waage, und das ohne jeden lyrischen Ballast. Das Buch enthält garantiert nur das absolut Notwendige. Dank Satelliten-Navigation, elektronischer Seekarten und Online-Wetter ist es jetzt eben ein Pfund mehr geworden.

Als praktischer Ratgeber in der Not ist das Werk übrigens nicht gedacht: Wenn der Mast von oben kommt, bleibt meist keine Zeit, im Index unter „Havarien und Notfälle" nachzuschlagen. Den Mast bergen? Oder kappen und versenken? Die Lösung steht auf Seite 427, aber sie nützt nur dem, der sie schon kennt.

Segler sollten das Handbuch also als Gebrauchsanleitung verstehen. Erst lesen, dann ablegen! *ka*

Maritime Bücher

Bell Bathurst: **„Leuchtfeuer. Die außergewöhnliche Geschichte von der Erbauung sagenumwobener Leuchttürme durch die Vorfahren von Robert Louis Stevenson",** *Schneekluth, München 2001, 351 S., 39,90 Mark*

Werner Borowski: **„Ein Segelsommer in Schweden",** *Reisebericht, Busse & Seewald Maritime, Herford 2001, 135 Seiten, 19,80 Mark*

Ralf Brauner und Niels Jakobi: **„Meer & Eis. Leben und Forschung im Eis".** *Berichte von Fahrten in die Arktis und Antarktis. DSV-Verlag, Hamburg 2001, 144 S., 200 Abb., 36 Mark*

Rafael Chirbes: **„Am Mittelmeer",** *Literarische Städtereportagen, Verlag Antje Kunstmann, München 2001, 158 Seiten, 36,80 Mark*

Michel Deshors: **„Yachtsport. Das Handbuch",** *Illustrierte Anleitung für Segler, Delius Klasing, Bielefeld 2001, 240 Seiten, 78 Mark*

Joachim Feyerabend: **„Das Jahrtausend der Orkane. Entfesselte Stürme bedrohen unsere Zukunft",** *Piper, München 2001, 290 Seiten, 44 Mark*

Rollo Gebhard: **„Blaue Donau, Schwarzes Meer. Mit der Solveig II. von Regensburg zum Kaukasus",** *Reisebericht, Delius Klasing, Bielefeld 2001, 267 Seiten, 44 Mark*

David Glenn und Simon McBride (Fotos): **„Nautical Style. Yacht-Interieur und -Design",** *Delius Klasing, Bielefeld 2001, 215 S., 49,80 Mark*

Miles Harvey: **„Gestohlene Welten. Eine Kriminalgeschichte der Kartographie",** *Karl Blessing Verlag/Geo, München 2001, 352 Seiten, 44 Mark*

Alistair MacLeod, **„Land der Bäume",** *Emigrantensaga: Der schottische Clan der McDonalds am kanadischen Cape Breton, S. Fischer Verlag, Frankfurt 2001, 285 Seiten, 39,90 Mark*

Theresa Maggio: **„Mattanza – Liebe, Tod und das Meer. Ein sizilianisches Ritual",** *Diana Verlag, München/Zürich 2000, 303 S., 38 Mark*

Peter Aughton: **„Dem Wind ausgeliefert. James Cook und die abenteuerliche Suche nach Australien",** *Diana Verlag, München/Zürich 2001, 302 Seiten, 38 Mark*

Eduardo Belgrano Rawson: **„Schiffbruch der Sterne".** *Ein Seebär aus Argentinien scheitert vor Kap Horn, C. H. Beck Verlag 2001, 216 S., 38 Mark*

Herbert Rosendorfer: **„Kadon, ehemaliger Gott",** *Roman, Die Überlebenden eines Schiffsuntergangs retten sich auf eine essbare Insel, Verlag Kiepenheuer & Witsch, Köln 2001, 157 Seiten, 29,90 Mark*

Planen Sie, jemanden im Meer verschwinden zu lassen?

Wenn Sie **mare** verschenken, gelingt das besonders einfach und stilvoll. Dafür sorgen die faszinierenden Berichte, beeindruckenden Fotoreportagen und abenteuerlichen Geschichten über und um das Meer. Die fesseln nicht nur, sondern sorgen auch dafür, dass man ganz und gar in die Weiten der Meere eintaucht. Jedes Heft entführt in eine andere Welt und ist ein Genuss für Kopf, Geist und Seele.

elbe-drei Hamburg

mare
Ein Geschenk.

Verschenken Sie mare

Mit einem **mare**-Geschenkabonnement verschenken Sie sechsmal im Jahr ein Meer an Erlebnissen. Es entführt auf einzigartige Weise an faszinierende Orte, die mit dem Meer im Zusammenhang stehen, und schafft einen neuen Zugang zu Natur, Kultur, Wissenschaft, Wirtschaft und Politik.

Auch für Sie von Vorteil

Für ein einjähriges **mare**-Geschenkabo **zahlen Sie nur DM/sFr 75,– (öS 600)** frei Haus **statt DM/sFr 84,– (öS 660)** bei Einzelkauf. Und als Dankeschön für Ihre Bestellung erhalten Sie außerdem den praktischen **mare**-Seesack (Höhe ca. 50 cm, Ø ca. 25 cm) aus Leinen mit Schulterriemen und Extra-Tasche.

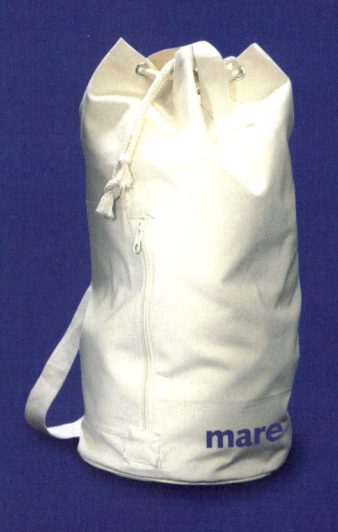

Hier einfach heraustrennen

mare als Geschenk

Alle zwei Monate kommt die Faszination der Meere ins Haus.

Für ....

Von ....

mare
Die Zeitschrift der Meere

mare
Ein Geschenk.

Bitte ausreichend freimachen, falls Briefmarke zur Hand.

Antwort

mare-Service

Postfach 88

D-77649 Offenburg

Ein Geschenk, so facettenreich wie das Meer.

Verschenken leicht gemacht

Sie brauchen nur die Geschenkkarte auszufüllen und dem Empfänger zu überreichen sowie Ihre Bestellung an den **mare**-Service zu schicken. Der Geschenkempfänger erhält dann **mare** ab der nächsten Ausgabe.

Bestellen Sie jetzt

Einfach die nebenstehende Bestellkarte ausfüllen und abschicken oder faxen. Sie können Ihre Bestellung selbstverständlich auch über unsere Hotline 0781/639-6810 oder per E-Mail unter service@mare.de aufgeben. Bitte geben Sie in diesem Fall folgende Bestellnummer mit an: MAG 26.

Ja, ich möchte **mare** verschenken – **für z.Zt. nur DM/sFr 75,– (öS 600)** pro Jahr **statt DM/sFr 84,– (öS 660)** bei Einzelkauf. Meine Anschrift:

Vorname, Name _____

Straße/Nr. _____

Land/PLZ/Wohnort _____

Begrenzung der Geschenklieferung:

☐ bis ich kündige (mindestens 6 Hefte)   ☐ auf 6 Hefte

○ Ich zahle bequem per Bankeinzug.*

* Die Einzugsvollmacht kann jederzeit widerrufen werden und erlischt automatisch bei Ende des Abonnements.
In der Schweiz und in Österreich ist leider nur Zahlung gegen Rechnung möglich.

Bankleitzahl _____ Kontonummer _____ Geldinstitut _____

○ Ich zahle gegen Rechnung.

Datum/1. Unterschrift _____

Widerrufsrecht: Diese Bestellung kann ich innerhalb von zwei Wochen beim mare-Service, Postfach 88, D-77649 Offenburg, schriftlich widerrufen. Die Frist beginnt einen Tag nach Absendung dieser Bestellkarte. Die Kenntnisnahme dieses Hinweises bestätige ich mit meiner 2. Unterschrift.

Datum/2. Unterschrift _____

Adresse des Geschenkempfängers:

Vorname, Name _____

Straße/Nr. _____

Land/PLZ/Wohnort _____

Widerrufsrecht: Diese Bestellung können Sie innerhalb von zwei Wochen beim **mare**-Service, Postfach 88, D-77649 Offenburg, schriftlich widerrufen. Die Frist beginnt einen Tag nach Absendung der Bestellkarte.

Schatztruhe

Auflösung des Rätsels aus dem letzten Heft

Henri Edmond Cross     Pablo Picasso    Vincent van Gogh

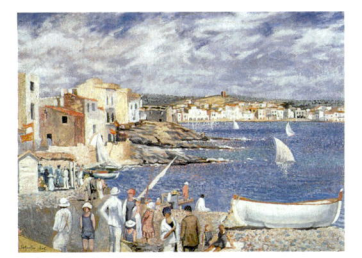

Salvador Dalí    Albert Marquet    Adelchi-Riccardo Mantovani

Paul Klee    Claude Monet 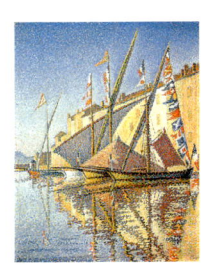   Paul Signac

Wenn sie am Mittelmeer arbeiten wollten, zog es die weitaus meisten Maler an die französische Riviera. Im Lauf von kaum hundert Jahren entstanden dort zahlreiche Arbeiten, die später weltbekannt wurden.

Im letzten „mare"-Heft, das dem Schwerpunktthema Mittelmeer gewidmet war, haben wir deshalb zur Lösung eines kleines Rätsels aufgefordert: Wer malte was?

Etwa die Hälfte der vielen Einsendungen war korrekt. Der Gewinner des Geschenkabos wird von uns benachrichtigt.

Hier ist die Auflösung:
1A, 2H, 3C, 4B, 5F, 6E, 7D, 8G, 9J

Im Einzelnen malten:
– Cross: „Les Îles d'Or, Îles d'Hyères", 1891/92
– Dalí: „Der Llane-Strand in Cadaquès", 1921
– Klee: „Südliche Küste abends", 1925
– Picasso: „Paysage méditerranéen" (Landschaft am Mittelmeer), 1952
– Marquet: „Blick von der Kasbah", 1921
– Signac: „Beflaggte Tartanen; Segelboote im Hafen von Saint-Tropez", 1893
– van Gogh: „Fischerboote am Strand von Saintes-Maries", 1888
– Mantovani: „Stella Maris", 1997
– Monet: „La Grande Bleue, Antibes", 1888

Anzeige

Übersee-Museum Bremen – ein lohnendes Ausflugsziel für Kinder und Eltern!

Liebevoll gestaltete Dioramen, lebensechte Inszenierungen und vor allem viele, in 100jähriger Geschichte gesammelte Originale laden zu einer Entdeckungsreise rund um den Globus ein. Vom Erdgeschoß bis zum 2. Stock findet sich hier die ganze Welt unter einem Dach. Eine Safari durch afrikanische Steppen und Wüsten ist ebenso vorstellbar wie eine Büffeljagd in der nordamerikanischen Prärie oder ein friedvoller Spaziergang durch einen japanischen Garten.

Für Kinder bieten wir an:
Führungen alle 14 Tage sonntags um 11 Uhr, im Wechsel mit Workshops, Kindergeburtstage und Ferienprogramme.
Beratung und Anmeldung:
Tel. 0421/160 3871, Fax 0421/160 3899, E-mail uem6@uni-bremen.de

Übersee-Museum Bremen,
Direkt am Hauptbahnhof
Bahnhofsplatz 13, 28195 Bremen

Meerschaumkästchen mit Raucherutensilien,
Österreich-Ungarn, um 1870

Schaum vor dem Mund

Meerschaumpfeifen sind etwas Besonderes. Hamburgs früherer Bürgermeister, ein passionierter Raucher, erklärt für **mare** den richtigen Umgang mit ihnen. Und warum Pfeifenraucher auch etwas Besonderes sind

Von Hans-Ulrich Klose

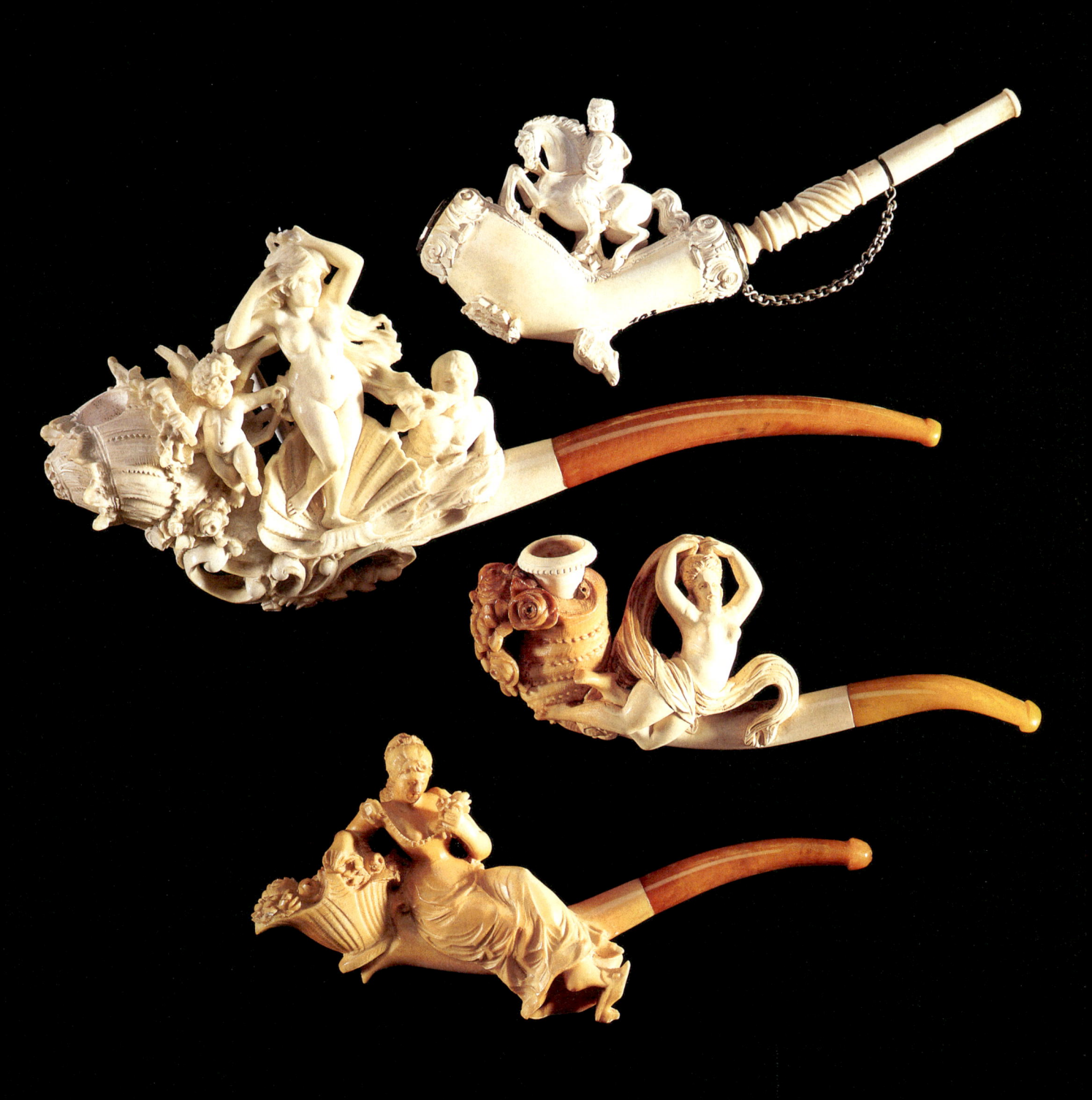

Pfeifen mit Mundstücken aus Bernstein, zweite Hälfte des 19. Jahrhunderts, Österreich-Ungarn

DIE ERSTE PFEIFE, DIE ICH GEraucht habe, war eine Friedenspfeife. Ich war damals zwölf Jahre alt und Häuptling der Irokesen. Der Stamm umfasste vier Menschen, drei Jungs, ein Mädchen, die mitspielen durfte, weil sie schneller rennen konnte als wir Jungs und weil ich sie mochte. Sie war, glaube ich, meine erste große Liebe. Natürlich haben wir nicht richtig geraucht, nur so getan als ob, das aber mit großem Ernst.

Richtig geraucht habe ich – erstmals, und Pfeife, wohlgemerkt – mit 19, als Oberprimaner. Nicht, dass es mir ein Bedürfnis gewesen wäre; aber es gab einen Grund: einen Klassenkameraden, der bei jedem Wetter, auch im Sommer, einen schwarzen Regenschirm bei sich trug, Pfeife rauchte und Hölderlin und Benn zitieren konnte. Er war Klassenerster in Deutsch. Ich bewunderte, verachtete, beneidete – und kopierte ihn, zumindest was das Pfeiferauchen anging. So fing es an, 1956.

Ideologie ist – zugegeben – immer im Spiel, auch beim Pfeiferauchen. Die Grundthese lautet: Pfeife rauchen ist eine kulturelle Tätigkeit. Wie immer man zu dieser These steht: Es dürfte schwer sein, sie zu entkräften.

Zum Ersten wegen des religiösen Ursprungs im alten Amerika. Dort hat man damit angefangen: Man vereinigte sich, nicht nur symbolisch, mit dem „großen Geist". Wer Augen hat zu sehen, wird bei der Beobachtung eines in sich versunkenen Pfeifenrauchers anerkennen, dass an der Ursprungsthese etwas dran sein könnte.

Zum Zweiten lohnt es nachzudenken, warum fast alle Menschen, wenn sie gefragt werden, das Pfeiferauchen mit Adjektiven wie „gemütlich" und „genüsslich" belegen, den Geruch des brennenden Tabaks als überwiegend „wohlriechend" und die Raucher selbst als „nachdenkliche" oder „gelassene" Menschen beschreiben.

Zum Dritten: Man sehe sich die Pfeifen an, die vielen wunderbaren Pfeifen, deren ästhetische Qualität unumstritten ist und die längst Eingang in die Museen gefunden haben, nicht in der Abteilung: „Volkskunst" und „Heimatkunde", nein, es geht um Kunst und Qualitäten jenseits des Gebrauchswertes.

Das gilt vor allem für Meerschaumpfeifen, die heute – nach meiner Einschätzung – weniger oft geraucht, dafür aber mit Eifer gesammelt werden. Die Fotos zeigen, warum. Die ältesten Exemplare stammen aus dem 16. Jahrhundert, aus der Türkei, wo die Bektasi, eine religiöse Gruppe in der Nachfolge Epikurs, die ersten Meerschaumpfeifen geschnitzt und geraucht haben sollen. Ob das stimmt, ist umstritten, ist ungesicherte Geschichte. Eine andere „Geschichte" nennt einen ungarischen Schuster als Produzenten der ersten Meerschaumpfeife und als Auftraggeber den ungarischen Grafen Andrássy (1823 bis 1890), der hierzulande durch die Sissi-Filme bekannt geworden ist. Viel sollte man auf solche Geschichten aber nicht geben. Es sind halt nur „Geschichten", die aber eines beweisen: das besondere Interesse an Meerschaumpfeifen, und dass es eine Ehre wäre, als Erfinder oder wenigstens als Connaisseur verzeichnet zu sein.

Warum? Weil Meerschaumpfeifen etwas anderes, Besonderes sind. Das Mate-

„Ideologie ist – zugegeben – immer im Spiel, auch beim Pfeiferauchen"

Zerbrechlicher Werkstoff. Meerschaumpfeifen werden in Handarbeit gefertigt

Schaumgräberei

Meerschaum ist eine der porösesten Substanzen, die überhaupt in der Natur gefunden werden: Magnesiumsilikat. Da man früher annahm, das Material habe sich aus Kalkhülsen von Tintenfischen (Sepien) gebildet, wurde es auch als „Sepiolith" bezeichnet. Völlig daneben war die Einschätzung nicht, ist Meerschaum doch tatsächlich aus Meerestieren, aber aus fossilen Überresten von Muscheln zusammengesetzt, die während des Tertiärs auf den Meeresboden herabgesunken sind – vor allem dort, wo heute die türkische Stadt Eskisehir liegt, und in ihrer Umgebung. In kleinen Privatminen werden die wertvollen, nierenförmigen Knollen in der Größe einer Männerfaust abgebaut – in sehr unterschiedlicher Tiefe. Meerschaum-„Flöze" liegen in zehn, aber auch in 300 Metern unter der Erde. Die Förderung verläuft auf äußerst riskante Weise: Die Schächte, durch die die Männer einzeln in Körben hinabgelassen werden, sind sehr eng und brüchig. Es kommt vor, dass die Gruben einstürzen und die Bergleute – meist Bauern mit staatlicher Lizenz – lebendig begraben werden.
Kleinere Vorkommen wurden auch in Frankreich, Griechenland, Tschechien, in den USA und im südlichen Afrika entdeckt. *ulk*

Prunkpfeife, 1873 für die Weltausstellung in Wien angefertigt. Die Figuren in den Arkaden stellen die Kunst, die Wissenschaft, den Handel und die Technik dar

Fröhlicher Rohling. Unfertige Pfeife aus Österreich, 19. Jahrhundert

rial ist anders. Nicht Holz, sondern Muschelablagerungen, geologisch komprimiert und tektonisch verschoben über Jahrmillionen. Es wird in Knollen abgebaut, der türkische Meerschaum gilt als der beste. Verarbeitet wird er in wenigen Betrieben, oft in handwerklicher Form, auf Bestellung, beispielsweise in Wien, Paris und London.

Es gibt Menschen, die glauben, dass Meerschaumpfeifen wirklich aus dem Schaum der Wellenspitzen gemacht werden. Sie haben keine Ahnung, wie das geschehen könnte. Sie lassen sich von dem Wort beflügeln. Und vom Aussehen. Meerschaumpfeifen sind nicht dunkel, wie Holzpfeifen, sondern hell. Die helle graue Farbe verändert sich aber durch den Gebrauch und veredelt sich ins Gelblich-Rötliche. Gute Meerschaumpfeifen haben deshalb – aus ästhetischen Gründen – regelmäßig Mundstücke aus Bernstein, was den Preis zusätzlich in die Höhe treibt.

Holzpfeifen müssen, damit sich eine schützende Kohleschicht im Innern des Pfeifenkopfes bildet, sorgsam eingeraucht werden. Einige Raucher, ich auch, präparieren das Pfeifeninnere vor dem Einrauchen mit Whisky, Cognac oder Honig. Entscheidend für das Gelingen des heiklen Prozesses, bei dem Anfänger häufig scheitern, ist die Zeit, die man sich nimmt. Das gilt auch für Meerschaumpfeifen, die aber nicht wirklich eingeraucht werden müssen, weil sie aus nicht brennbarem Material bestehen.

Viele behaupten, dass Tabak nur in Meerschaumpfeifen seine eigentliche und volle aromatische Qualität entfalte. Da bin ich eher skeptisch, was aber daran liegen mag, dass ich häufiger Bruyère-Pfeifen benutze, die für den alltäglichen Gebrauch einfach praktischer sind. Denn: Meerschaumpfeifen sind außerordentlich empfindlich, ja zerbrechlich. Man muss sie sorgsam lagern, darf sie niemals am Aschenbecher oder am Schuhabsatz ausklopfen. Die Reinigung erfordert spezielles Gerät. Einige Pfeifenraucher behaupten, dass man beim Einrauchen von Meerschaumpfeifen am besten Handschuhe tragen sollte, weil die Transpiration der Hände zu unschönen Verfärbungen am Pfeifenkopf führen könnte – was ich nie festgestellt habe.

Richtig ist, dass Meerschaumpfeifen kühler rauchen als Holzpfeifen, was aber wiederum davon abhängig ist, wie viel Zeit man sich nimmt. Meerschaumpfeifen müssen sehr bewusst und langsam geraucht werden. Am besten rauche man sie zu Hause oder im Club, las ich in einer deutschen Zeitschrift – womit der elitäre kultische Aspekt von Meerschaumpfeifen und ihres kennerschaftlichen Gebrauchs erneut unterstrichen wird. Im Club! Man stelle sich vor!

Wer Pfeife raucht, raucht nicht einfach. Er zelebriert den Rauchvorgang, der sich, anders als bei einer Zigarette, über einen längeren Zeitraum erstreckt. Pfeifenraucher folgen einem Schema, das sie, mehr oder weniger systematisch, jeder für sich entwickelt haben. Ein durchschnittlicher Raucher braucht etwa 50 Pfeifen, sieben, manchmal acht verschiedene pro Tag. Immer eine andere, jeden Tag, sieben Tage die Woche. Pfeifen brauchen regelmäßige Ruhezeiten. Vor allem Meerschaumpfeifen sollten nie häufiger als einmal pro Tag, besser pro Woche, geraucht werden.

Es muss nicht immer Meerschaum sein. Den Holländern sagt man nach, dass sie Tonpfeifen bevorzugen. Wirkliche Außenseiter, zum Beispiel bayrische, setzen auf Porzellan. Und die Amerikaner – es gibt unter ihnen einige Kenner und Genießer, die auf heimisches Material zurückgreifen. Zu ihnen gehört Huckleberry Finn, der jugendliche Held in Mark Twains großartigem Buch „Die Abenteuer des Huckleberry Finn". Dort lesen wir:

„Der Rothändige antwortete nicht, da er Besseres zu tun hatte. Er war gerade damit beschäftigt, einen Maiskolben auszuhöhlen, und befestigte jetzt einen Binsenstengel daran, füllte den Maiskolben mit Tabak, presste ein Stück Holzkohle darauf und blies eine lieblich duftende Rauchwolke aus; er befand sich im Zustand größten Behagens. Die anderen Seeräuber beneideten ihn um dieses großartige Laster und gelobten insgeheim, es sich recht bald anzueignen."

Maiskolbenpfeifen – ich gebe zu, dass ich auch hin und wieder eine rauche mit einem Wäscheknopf unten im Pfeifenkopf, um das schnelle Durchbrennen zu verhindern. Ganz gelingt das aber nie. Deshalb braucht man viele. Macht aber nichts. Maiskolbenpfeifen sind billig und rauchen sich leicht und kühl. Mark Twains Buch ist übrigens in einigen US-Bundesstaaten aus

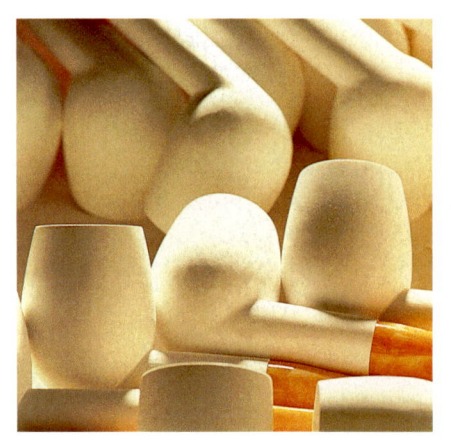

Pfeifenköpfe in Serie. Noch sind sie hell, der Rauch veredelt sie ins Gelb-Rötliche

dem Lehrplan gestrichen und aus den Schulbibliotheken entfernt worden. Nicht, weil Huck Finn raucht, sondern weil er zu oft von „Niggern" redet und weil jedenfalls dies der Political Correctness widerspricht, derer wir uns auch hierzulande nur noch mit Mühe erwehren können.

P.S.: Generalfeldmarschall v. Moltke auf die Frage, was den Menschen vom Tier unterscheidet: „Kein Tier raucht."

Hans-Ulrich Klose, Jahrgang 1937, war von 1974 bis 1981 Erster Bürgermeister von Hamburg und von 1994 bis 1998 Vizepräsident des Bundestages. Heute ist er Vorsitzender des Auswärtigen Ausschusses

> „Manche glauben, die Pfeifen seien aus den Wellenspitzen gemacht. Sie haben keine Ahnung"

Breit gefächertes Angebot. Die Muschelablagerungen lassen sich zu holden Jungfrauen, bärtigen Männerköpfen oder Ungeheuern formen

Meeresrauschen

Am Strand von Florida ging sie spazieren,
und was sie trug, hätte keinen gestört,
nur die einsame piekfeine Lady
fiel bald in Ohnmacht und war sehr empört.

8, 9, 10, na was gab's denn da zu seh'n?
Es war ihr Itsy Bitsy Teenie Weenie
Honolulu-Strand-Bikini,
der war schick und der war so modern,
ihr Itsy Bitsy Teenie Weenie
Honolulu-Strand-Bikini,
ja, der gefiel ganz besonders den Herrn.
1, 2, 3, na was ist denn schon dabei?

NEPTUNS TOP TEN

RATTELSCHNECK

Für jede Ausgabe von **mare** bebildert ein Cartoonist exklusiv einen maritimen Song. Diesmal zum Thema Schneckenmusik: der Berliner Zeichner Rattelschneck über „Itsy Bitsy Teenie Weenie", Saison-Hit von 1960, in Deutschland erfolgreich von Caterina Valente & Silvio Francesco interpretiert